CADERNO DE IDEOGRAMAS

Japonês
Para leigos

Vincent Grépinet

ALTA BOOKS
GRUPO EDITORIAL
Rio de Janeiro, 2019

Caderno de Ideogramas Japonês Para Leigos®
Copyright © 2019 da Starlin Alta Editora e Consultoria Eireli. ISBN: 978-85-508-0612-9

Translated from original Les Cahiers d'écriture - Le japonais pour les Nuls®, by Vincent Grépinet. Copyright © 2016 by John Wiley & Sons, Inc. ISBN 978-2-7540-8526-7. This translation is published and sold by permission of John Wiley & Sons, Inc., the owner of all rights to publish and sell the same. PORTUGUESE language edition published by Starlin Alta Editora e Consultoria Eireli, Copyright © 2019 by Starlin Alta Editora e Consultoria Eireli.

Todos os direitos estão reservados e protegidos por Lei. Nenhuma parte deste livro, sem autorização prévia por escrito da editora, poderá ser reproduzida ou transmitida. A violação dos Direitos Autorais é crime estabelecido na Lei nº 9.610/98 e com punição de acordo com o artigo 184 do Código Penal.

A editora não se responsabiliza pelo conteúdo da obra, formulada exclusivamente pelo(s) autor(es).

Marcas Registradas: Todos os termos mencionados e reconhecidos como Marca Registrada e/ou Comercial são de responsabilidade de seus proprietários. A editora informa não estar associada a nenhum produto e/ou fornecedor apresentado no livro.

Impresso no Brasil — 1ª Edição, 2019 — Edição revisada conforme o Acordo Ortográfico da Língua Portuguesa de 2009.

Obra disponível para venda corporativa e/ou personalizada. Para mais informações, fale com projetos@altabooks.com.br

Produção Editorial	**Produtor Editorial**	**Produtor Editorial (Design)**	**Marketing Editorial**	**Vendas Atacado e Varejo**
Editora Alta Books	Thiê Alves	Aurélio Corrêa	Silas Amaro	Daniele Fonseca
Gerência Editorial			marketing@altabooks.com.br	Viviane Paiva
Anderson Vieira			**Editor de Aquisição**	comercial@altabooks.com.br
			José Rugeri	**Ouvidoria**
			j.rugeri@altabooks.com.br	ouvidoria@altabooks.com.br
Equipe Editorial	Adriano Barros	Ian Verçosa	Kelry Oliveira	Viviane Rodrigues
	Aline Vieira	Illysabelle Trajano	Paulo Gomes	
	Bianca Teodoro	Juliana de Oliveira	Thales Silva	
Tradução	**Copidesque**	**Revisão Gramatical**	**Diagramação**	
Jana Araujo	Maíra Meyer	Eveline Vieira Machado	Joyce Matos	

Erratas e arquivos de apoio: No site da editora relatamos, com a devida correção, qualquer erro encontrado em nossos livros, bem como disponibilizamos arquivos de apoio se aplicáveis à obra em questão.

Acesse o site www.altabooks.com.br e procure pelo título do livro desejado para ter acesso às erratas, aos arquivos de apoio e/ou a outros conteúdos aplicáveis à obra.

Suporte Técnico: A obra é comercializada na forma em que está, sem direito a suporte técnico ou orientação pessoal/exclusiva ao leitor.

Dados Internacionais de Catalogação na Publicação (CIP) de acordo com ISBD

G829c	Grépinet, Vincent
	Caderno de ideogramas japonês para leigos / Vincent Grépinet; traduzido por Jana Araujo. - Rio de Janeiro : Alta Books, 2018.
	64 p. ; il. ; 21cm x 28cm.
	Tradução de: Les cahiers d'écriture pour les nuls Le Japonais
	ISBN: 978-85-508-0612-9
	1. Língua. 2. Japonês. I. Araujo, Jana. II. Título.
2018-1649	CDD 495.6
	CDU 811.521

Elaborado por Vagner Rodolfo da Silva - CRB-8/9410

Rua Viúva Cláudio, 291 — Bairro Industrial do Jacaré
CEP: 20.970-031 — Rio de Janeiro (RJ)
Tels.: (21) 3278-8069 / 3278-8419
www.altabooks.com.br — altabooks@altabooks.com.br
www.facebook.com/altabooks — www.instagram.com/altabooks

Introdução

Agradecemos por seu interesse nesta obra de 書き方 **kakikata** (escrita). Qualquer que seja seu grau de vínculo com a cultura japonesa, você sentirá, ao se aproximar dos meandros de sua escrita, alegria de pôr os pés em um novo mundo, nos antípodas do Ocidente; em outras palavras, terá a sensação de adentrar O Império dos Signos, para retomar o título de um famoso ensaio de Roland Barthes. Porém, já avisamos: esse aprendizado exige paciência e esforço. Será necessário dedicar muito tempo. Mas o desafio não vale a pena?

Como introdução, temos uma boa e uma má notícia para anunciar. A má é que o japonês emprega três formas de escrita (se necessário, uma quarta, o **rômaji**, em outras palavras, o alfabeto latino). A boa é que, pelo preço de um só livro, você pode aprender as três escritas de uma vez só. Não é maravilhoso!?

Três formas de escrita? Para que facilitar quando se pode complicar, você diria. Ao contrário do que pode pensar, isso não vem da estranha atração dos japoneses pela complexidade, ao invés da simplicidade. Eles não decidiram, da noite para o dia, empregar três escritas diferentes, em vez de uma, sob pretexto de espantar seus vizinhos e para serem os melhores alunos do nordeste da Ásia. Na verdade, sua escolha vem de um longo processo histórico.

Na verdade, os japoneses nem sempre foram os bons alunos dessa região. Por muito tempo, eles nem mesmo sabiam ler e escrever! Eram, por assim dizer, analfabetos, se nos permite esse anacronismo. Foi preciso esperar até o século V para que os **kanji** (sinogramas), a escrita da China dos Han (pronunciado kan em japonês), como o nome indica, fossem introduzidos no arquipélago, através da Coreia. Foi um presente levemente "envenenado", que mais tarde deu problemas a seus habitantes, como ocorre até hoje.

Não é preciso dizer que os japoneses não esperaram até o século V para se comunicarem. O japonês, como língua oral, já existia. Entretanto, com a introdução dos kanji, eles se depararam com um verdadeiro quebra-cabeças... chinês!

Na língua chinesa, cada ideograma é associado a um único som e um único significado. Não é da mesma forma em japonês. Então, como fazer caber uma língua nativa, cuja estrutura gramatical é radicalmente diferente do chinês, no modelo rígido de uma escrita estrangeira? Como você pode imaginar, não foi fácil!

Inicialmente, os textos chineses, principalmente os budistas, eram estudados e assimilados como tal. Todo japonês letrado digno dessa denominação deveria saber ler e escrever em chinês clássico, que é designado no Japão como **kanbun** (texto do estilo dos Han). Até o período Meiji (1868), todos os textos oficiais eram escritos nessa língua. Ler esse tipo de texto requer certa ginástica intelectual. Os sinais diacríticos foram inventados para indicar ao leitor a ordem na qual ele deveria recortar e recompor a frase para torná-la compreensível em sua língua. No que diz respeito à pronúncia, tentaram reproduzir o som chinês, com mais ou menos sucesso e, de acordo com os períodos, com variações sonoras. Isso explica porque temos, hoje, para um mesmo ideograma, várias pronúncias: 音読み **onyomi** (imitado do chinês) e 訓読み **kunyomi** (puramente japonês). Assim, o ideograma com o sentido de "homem" (人) tem três pronúncias diferentes em japonês: **JIN, NIN** e **hito** (por convenção, a pronúncia de origem chinesa é retranscrita em letras maiúsculas). Em chinês, só há uma: **rén**. Você notará, por causa do resultado, que os japoneses não tinham o ouvido perfeito...

Por volta do período Heian (794-1185), eles inventaram dois outros sistemas de escrita, próprios do arquipélago, derivados dos ideogramas: os **kana**. Serviam, no início, para indicar a pronúncia das palavras chinesas e retranscrever os termos gramaticais, que só existem na língua japonesa (enclíticos ou sufixos verbais).

Sob o vocábulo **kana**, designa-se, de um lado, os **hiragana** 平仮名 (escrita suave) e, do outro, os **katakana** 片仮名.

Os hiragana derivam da simplificação extrema de certos kanji na escrita cursiva. Chamada antigamente de **onnade** 女手, essa escrita, como seu nome indica, era largamente empregada pelas mulheres da aristocracia japonesa, que não tinham uma educação tão encorajada quanto a dos homens em matéria de kanji. Se tivessem! No século XI, duas mulheres, Murasaki Shikibu e Sei Shônagon, redigiram suas obras-primas mundialmente conhecidas, respectivamente, *O Romance do Genji* e *O Livro do Travesseiro*, recorrendo essencialmente a essa escrita. Quanto aos homens japoneses, eles a reservavam para sua correspondência pessoal. Os hiragana são reagrupados em um silabário de 50 sons, os 五十音字 **gojûonji** (literalmente, caracteres de 50 sons), como no quadro a seguir.

Quadro dos HIRAGANA

n	w-	r-	y-	m-	h-	n-	t-	s-	k-	
ん	わ	ら	や	ま	は	な	た	さ	か	あ	-a
N	WA	RA	YA	MA	HA	NA	TA	SA	KA	A	
	ゐ	り		み	ひ	に	ち	し	き	い	-i
	WI	RI		MI	HI	NI	CHI	SHI	KI	I	
		る	ゆ	む	ふ	ぬ	つ	す	く	う	-u
		RU	YU	MU	FU	NU	TSU	SU	KU	U	
	ゑ	れ		め	へ	ね	て	せ	け	え	-e
	WE	RE		ME	HE	NE	TE	SE	KE	E	
	を	ろ	よ	も	ほ	の	と	そ	こ	お	-o
	WO	RO	YO	MO	HO	NO	TO	SO	KO	O	

Esse quadro deve ser lido da direita para a esquerda e de cima para baixo.

Tradicionalmente, o japonês é lido nesse sentido. Quando o texto é escrito na horizontal, lemos da esquerda para a direita.

Pontos importantes para ter em mente ao desenhar um hiragana (é igual para os katakana):

» Ir da esquerda para a direita e de cima para baixo.
» Quando houver um traço vertical, começar por esse traço.
» Respeitar as proporções ao desenhar um hiragana; o ideal é reproduzir exatamente o que se vê nesse quadro.
» Os sinais ゐ **WI** e ゑ **WE** não são mais empregados hoje.

Quanto à pronúncia, veja os pontos-chave:

» E deve ser sempre pronunciado "ê". Exemplo : **kamikaze** (pronunciado kamikazê).
» Chi se pronuncia como o "ch" em "atchim".
» H é aspirado como em "ha ha ha!".

- » O R é próximo do "l" ou do "r" de "prato". Não deve nunca ser pronunciado como um "r" de "rato".
- » O N é uma sílaba completa à parte e é nasal. Pronunciar "ng" como "shopping", evitando insistir muito no "g" final.
- » Acrescentando um pequeno ya, yo, yu às sílabas ki, shi, chi, ni, hi, mi, ri, obtemos os sons a seguir:

Kya きゃ	Kyu きゅ	Kyo きょ
Sha しゃ	Shu しゅ	Sho しょ
Cha ちゃ	Chu ちゅ	Cho ちょ
Nya にゃ	Nyu にゅ	Nyo にょ
Hya ひゃ	Hyu ひゅ	Hyo ひょ
Mya みゃ	Myu みゅ	Myo みょ
Rya りゃ	Ryu りゅ	Ryo りょ

Com os nigoriten, ″ ou °, sinais colocados na parte superior, à direita de determinadas sílabas, obtemos os sons a seguir:

が GA	ぎ GUI	ぐ GU	げ GUE	ご GO
ざ ZA	じ JI	ず ZU	ぜ ZE	ぞ ZO
だ DA	ぢ JI	づ ZU	で DE	ど DO
ば BA	び BI	ぶ BU	べ BE	ぼ BO
ぱ PA	ぴ PI	ぷ PU	ぺ PE	ぽ PO

Esse quadro deve ser lido na horizontal da esquerda para a direita.

- » Em hiragana, o alongamento das vogais é indicado pelas sílabas com a, i, u, e, o.

    Exemplo: おかあさん **okâkan** (mãe), 携帯 **keitai** (celular), きょうと **Kyôto** (cidade de Kyoto), ええ **ê** (sim), おおきい **ôkii** (grande). O alongamento das vogais é indicado por um acento circunflexo.
- » A duplicação das consoantes é indicada por um pequeno **tsu** っ. É preciso, então, marcar uma breve pausa, como se hesitássemos sobre a pronúncia da palavra. Exemplo: きっぷ pronunciar kip/pu (bilhete).

Encontramos exatamente o mesmo silabário sob uma grafia diferente, mais seca: os **katakana**. Estes também foram criados igualmente a partir de um kanji. Eram utilizados antes para anotar textos budistas. Hoje, são empregados essencialmente para retranscrever palavras de origem estrangeira, mas também para exprimir as onomatopeias ou insistir em determinadas palavras em um texto.

Quadro dos KATAKANA

n	w-	r-	y-	m-	h-	n-	t-	s-	k-	
ン	ワ	ラ	ヤ	マ	ハ	ナ	タ	サ	カ	ア -a
N	WA	RA	YA	MA	HA	NA	TA	SA	KA	A
	ヰ	リ		ミ	ヒ	ニ	チ	シ	キ	イ -i
	WI	RI		MI	HI	NI	CHI	SHI	KI	I
		ル	ユ	ム	フ	ヌ	ツ	ス	ク	ウ -u
		RU	YU	MU	FU	NU	TSU	SU	KU	U
	ヱ	レ		メ	ヘ	ネ	テ	セ	ケ	エ -e
	WE	RE		ME	HE	NE	TE	SE	KE	E
	ヲ	ロ	ヨ	モ	ホ	ノ	ト	ソ	コ	オ -o
	WO	RO	YO	MO	HO	NO	TO	SO	KO	O

Lembrete: ヰ**WI** e ヱ**WE** não são mais utilizados atualmente.

» Em katakana, o alongamento das vogais é indicado por "ー". Exemplo ラーメン râmen (variedade de macarrão japonês).
» A duplicação das consoantes é indicada por um pequeno **tsu** ッ.
Exemplo: サッカー futebol.

Poderíamos muito bem utilizar um único quadro, pois encontramos exatamente os mesmos sons, diriam os mais preguiçosos. Aliás, poderíamos até empregar apenas os hiragana ou os katakana, e relegar os kanji (sinogramas) ao esquecimento, pois todas as palavras e ferramentas gramaticais japonesas podem ser escritas com a ajuda desses caracteres, diriam os mais sagazes. Daremos uma resposta ambígua: sim e não.

De fato, é possível retranscrever todos esses textos em hiragana ou katakana. Mas os kanji são imediatamente reconhecíveis, só de olhar, sem mesmo precisar pronunciá-los. Eles estruturam a frase japonesa. Para um falante de japonês, é mais penoso, paradoxalmente, ler um texto escrito inteiramente em hiragana do que um texto pontuado de kanji. Sua presença ritma visualmente a frase e permite destacar suas ferramentas gramaticais. Veja dois exemplos:

> » ははははな: Constatamos neste exemplo que há quatro は. Então, fica difícil saber se é preciso ler "ha ha ha ha na" ou "haha wa hana".
> » 母は 花: Neste exemplo, reconhecemos de cara o kanji 母 **haha** (mãe) seguido da partícula は **wa** e da palavra 花 **hana** (flor). Assim, sabemos imediatamente que se tratará de uma mãe em relação a uma flor, embora a frase esteja incompleta.

Naturalmente, poderíamos destacar, com precisão, que há uma duplicação entre os hiragana e os katana. Mas o uso quer que utilizemos essas duas grafias. Então, temos que lidar com isso. As partículas (ou enclíticos), como wa, wo, to, de, ê etc., nunca são escritas em katakana, assim como as declinações verbais.

Por onde devemos começar, então? Primeiro, assimilando os hiragana, depois os katakana, enfim, os kanji. Não é necessário ter uma memória excepcional para decorar os kana. São necessárias algumas semanas, no máximo, para aprendê-los, sob a condição de trabalhar regularmente.

Os japoneses, como escrevemos antes, continuam muito ligados aos kanji. Existem mais de 50 mil. Mas não vá acreditar que é necessário conhecer todos para ler em japonês! De 1922 até nossos dias, o Estado japonês fixou um número mínimo de kanji a conhecer para o uso diário (常用漢字 **jôyô kanji**). Do início do século XX até hoje, seu número passou de aproximadamente 2.500 caracteres, antes da Segunda Guerra Mundial, para 1.945 caracteres em 1981. Em 2010, uma nova reforma fixou esse número em 2.136. São os kanji básicos. Na maior parte do tempo, os kanji são empregados sozinhos, em dois e, mais raramente, em três.

No domínio da caligrafia, 書道 **shôdô** (o caminho da escrita), existem cinco estilos gráficos. O **tensho**, escrita sigilar, é uma grafia antiga que empregamos hoje, sobretudo para os selos, que fazem as vezes de assinatura pessoal no Japão. O **reisho**, escrita dos escribas, que podemos ver nas placas. O **sôsho**, o estilo cursivo, relegado praticamente à arte; é uma simplificação extrema da escrita. O **gyosho** é empregado nas cartas manuscritas. Por fim, o **kaisho**, estilo padrão, é aquele que encontramos nos textos impressos. No momento, contente-se com reproduzir, na melhor das hipóteses, a grafia dos textos impressos. Já é, por si só, um exercício difícil, pois é preciso respeitar as proporções de cada traço.

Falamos anteriormente que contamos com uma grande número de kanji. Então, como fazemos para encontrar em um dicionário sua definição? Existem três métodos:

- Pela pronúncia. Mas é preciso conhecê-la.
- Contando o número de traços para escrevê-lo. Daí a importância da ordem dos traços!
- Encontrando seu fundamento (em japonês, **bushu**). Um fundamento é um elemento comum que encontramos em vários outros kanji. Todos esses fundamentos têm um nome em japonês, mas não os mencionamos para não sobrecarregar o trabalho. Saiba apenas que contamos com 214.

Advertência

Esta obra é um caderno de exercícios para a escrita do japonês. Para redigi-lo, partimos dos seguintes pressupostos:

- Você conhece um pouco de japonês, mas nunca teve tempo para se dedicar à sua escrita.
- Você não conhece nada de japonês, mas sua escrita o fascina.
- Você já estudou um pouco de escrita japonesa, mas esqueceu por falta de prática.
- Você se interessa por caligrafia.
- Você não deseja abordar a gramática japonesa.

Nesse caso, esta obra foi feita para você.

- Deixamos de lado os hiragana e os katakana, pois consideramos que a apresentação feita nesta introdução é suficiente. É definitivamente mais simples de assimilar.
- Em nenhum caso os pontos gramaticais serão abordados nesta obra. É, antes de tudo, um caderno de escrita. Aqueles que desejarem aprofundar seus conhecimentos, podem consultar o *Japonês Para Leigos*.
- A escolha dos 100 kanji básicos é muito subjetiva. Selecionamos aqueles que nos parecem ser mais úteis para a vida cotidiana, para compreender notícias, placas de sinalização, cardápios etc. Nesse caso, não são necessariamente os mais simples de escrever que foram

escolhidos. Em teoria, poderíamos ter apresentado os kanji com no máximo três traços, mas muitos entre eles não teriam uma utilidade imediata.

» Para cada kanji, indicamos as leituras onyomi e kunyomi. Alguns kanji têm apenas uma leitura.

» Para determinados kanji, não indicamos o conjunto de leituras onyomi e kunyomi, para reduzir o trabalho. Você terá tempo, em seguida, para completar as pronúncias que faltam.

» Reunimos, com cada kanji, combinações com outros kanji. Consequentemente, se você assimilar todas essas combinações, sua lista de vocabulários aumentará muito. Você verá também que, para determinados sinogramas, não indicamos uma combinação. A razão é simples. Teria sido necessário introduzir novos kanjis que não estão nesta obra.

Alguns conselhos de trabalho

Assim como você, parti do zero quando comecei o estudo dos kanji (ou melhor, do um, pois é o kanji mais simples de escrever, começa com um único traço horizontal, que significa o número um). Como estudante, ia à biblioteca de Beaubourg para ler com dificuldade um método de japonês em dois volumes de Kunio Kuwae. Dediquei muito tempo e energia para decorar, um por um, cada kanji. Mais de uma vez, fui vencido pelo desânimo. Mas, como o domínio de um instrumento musical não se faz da noite para o dia, a memorização da escrita japonesa demanda muita perseverança. Desenhe muitas vezes, todos os dias, um ou dois kanji e memorize sua pronúncia. Ao fim da semana, faça uma revisão dos kanji vistos. Depois de um tempo, sobretudo se tiver alguma noção de gramática japonesa, você começará a entender algumas frases simples, depois mais complexas, enfim, um texto inteiro. Você sentirá muito orgulho!

Como a ordem dos traços é indicada por um número, ele é sempre colocado, por convenção, no lugar onde devemos começar a traçá-lo. Siga sempre essa ordem.

Sempre respeite as proporções de cada traço. O kanji que você traça deve ficar em um quadrado imaginário, guardando a proporção. O ideal é reproduzir o que é indicado aqui.

Memorize bem as diferentes pronúncias. Mesmo se no começo lhe parecer maçante, depois de um tempo, as combinações de kanji não terão mais segredo para você.

Agora, só me resta dizer: がんばってね ! **ganbatte ne**. Em outras palavras, boa sorte!

um

ICHI/hito

Ichi é um dos kanji mais simples de escrever: um único traço. Nada de mais!, você pensa. Entretanto, sua grafia antiga não era tão simples. Era mais ou mesmo assim: 壱. Ainda encontramos esse kanji nas cédulas de 10.000 ienes com o retrato de Fukuzawa Yukichi, um pensador famoso do século XIX. Com associações, temos as palavras **ichi nichi** 一日 (um dia), **jûichi** 十一 (onze) e **hitori** 一人 (uma pessoa, sozinho).

Fundamento: 一   Número de traços: um

dois

NI/futa

Assim como o número um, este kanji é de uma simplicidade infantil para ser escrito. Sua versão "antiga" era mais ou menos assim: 弐. Essa grafia ainda é vista nas cédulas de 2.000 ienes. Você encontra esse kanji em compostos como **nigatsu** 二月 (fevereiro), **jûni** 十二 (doze) e **futari** 二人 (duas pessoas).

Fundamento: 二   Número de traços: dois

três

A grafia antiga deste número era 参. O kanji do número três pode ser pronunciado "mi", como no sobrenome do romancista japonês Mishima 三島 (literalmente: três ilhas). Associado, ele forma **sangatsu** 三月 (março), **jûsan** 十三 (treze) e **san.nin** 三人 (três pessoas).

SAN/mi

Fundamento: 一   Número de traços: três

quatro

A partir do número quatro, as coisas se complicam... De qualquer forma, você não achava que iríamos sobrepor traços indefinidamente, achava? Como iria escrever um milhão, nesse caso? A particularidade desse número é sua pronúncia. Na verdade, shi lembra outro kanji homófono, o da morte. Por isso, é considerado como carregando infortúnio. No entanto, ele permite criar palavras como **shigatsu** 四月 (abril), **jûyon** 十四 (quatorze) ou **yonin** 四人 (quatro pessoas).

SHI/yon

Fundamento: 囗   Número de traços: cinco

Caderno de Ideogramas Japonês Para Leigos

cinco

Vamos lá! Você está no caminho certo dos kanji! Pense no jogo go para se lembrar desta pronúncia. Note também que, em geral, os traços curvados ou encurvados formam apenas um traço. Combinado, ele forma **gogatsu** 五月 (maio), **jûgo** 十五 (quinze) ou ainda **gonin** 五人 (cinco pessoas).

GO/itsu

Fundamento: 二   Número de traços: quatro

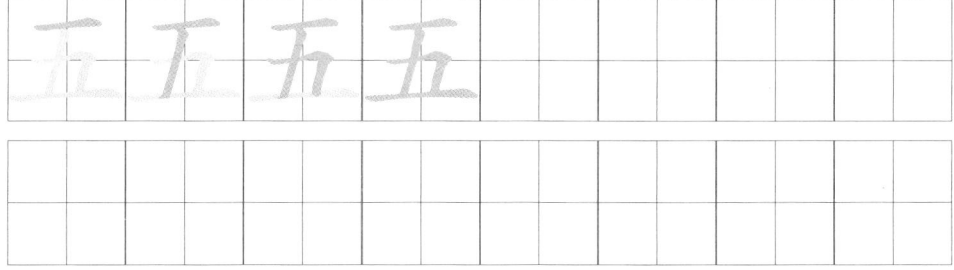

seis

Eis o kanji mais rock! O roku é uma história de quatro traços, simples de escrever. Associado a outros kanji, ele dá a possibilidade de escrever **rokugatsu** 六月 (junho), **jûroku** 十六 (dezesseis), **rokunin** 六人 (seis pessoas).

ROKU/mu

Fundamento: 八   Número de traços: quatro

sete

SHICHI/nana

Se você é amante de filmes nos quais samurais raivosos cortam cabeças por todos os lados enquanto gritam, com certeza conhece um dos mais famosos entre eles: Os Sete Samurais. Em japonês, dizemos **Shichinin no samurai.** John Sturges se inspirou no filme de Akira Kurosawa para dirigir, por sua vez, Sete Homens e Um Destino. Com esse kanji, é possível compor as palavras *shichigatsu* 七月 (julho), *jûnana* 十七 (dezessete) e *shichinin* 七人 (sete pessoas).

Fundamento: 一   Número de traços: dois

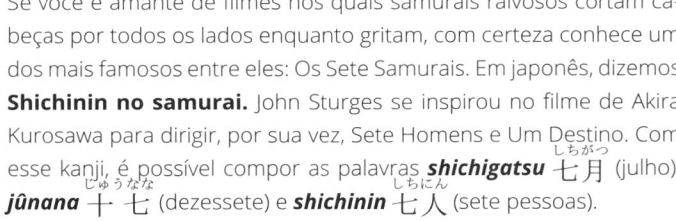

oito

HACHI/ya

Não se esqueça de que o som "ch" deve ser pronunciado como na palavra "atchim". Combinado com outros kanji, permite escrever, entre outros, *hachigatsu* 八月 (agosto), *jûhachi* 十八 (dezoito) ou *hachinin* 八人 (oito pessoas).

Fundamento: 八   Número de traços: dois

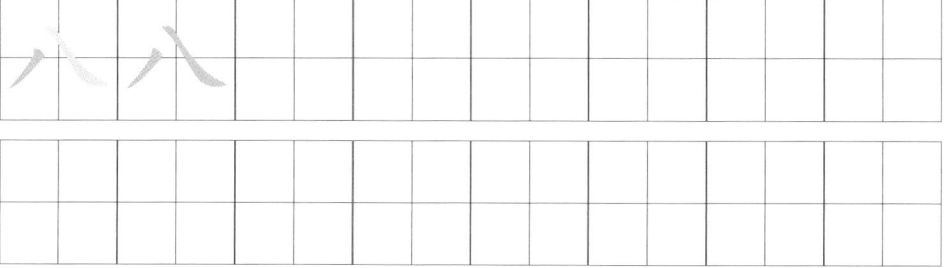

nove

KU/kyu

Este kanji também é relativamente fácil de escrever. É encontrado no nome de uma das quatro ilhas principais do Japão: **Kyûshû** 九州. Entre as palavras que utilizam esse kanji, encontramos **kugatsu** 九月 (setembro), **jûkyû** 十九 (dezenove) ou ainda **kyûnin** 九人 (nove pessoas).

Fundamento: 乙   Número de traços: dois

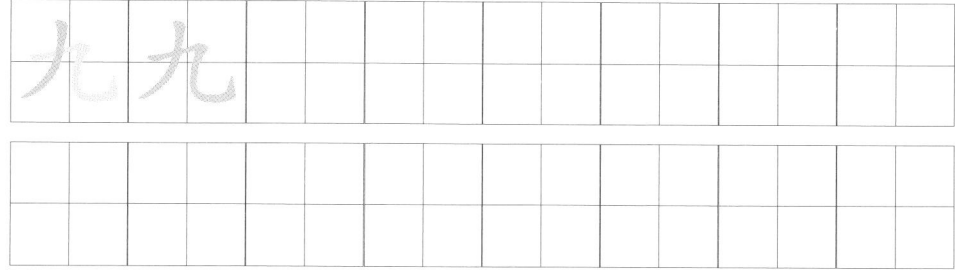

dez

JÛ/tô

É um kanji fácil de memorizar: basta pensar em uma cruz. Não é por acaso que a cruz vermelha se chama **sekijûji** 赤十字 (literalmente, o caractere dez em vermelho). A partir do dez, acrescentamos os números de um a nove para obter **jûichi** 十一, **jûni** 十二, **jûsan** 十三. Para obter o número vinte, devemos colocar o número dois antes do dez: **nijû** 二十. Agora você é capaz de escrever até 99. Também consegue escrever os três últimos meses do ano: **jûgatsu** 十月 (outubro), **jûichigatsu** 十一月 (novembro) e **jûnigatsu** 十二月 (dezembro).

Fundamento: 十   Número de traços: dois

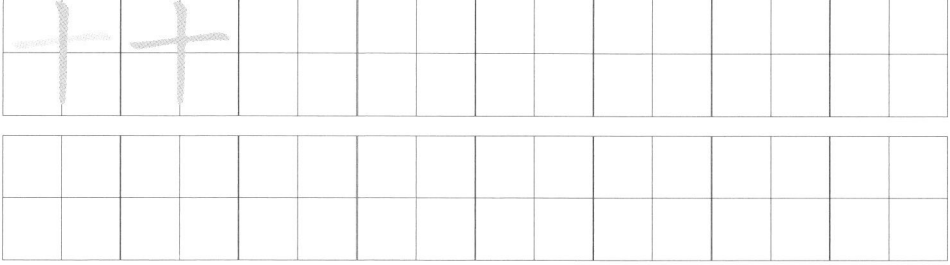

Caderno de Ideogramas Japonês Para Leigos

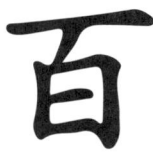

百

cem

HYAKU/
momo

百

A partir do número cem (hyaku), continuamos a contar assim: hyaku ichi, hyakuni, hyakusan etc. Para obter as centenas, escrevemos: ***nihyaku*** 二百, ***sanbyaku*** 三百, ***yonhyaku*** 四百, ***gohyaku*** 五百, ***roppyaku*** 六百, ***nanahyaku*** 七百, ***happyaku*** 八百, ***kyûhyaku*** 九百. Perceba bem as variações fonéticas em função do kanji que precede o do cem. Podemos combiná-lo com outros kanji para formar ***hyaku.en*** 百円 (ひゃくえん) (cem ienes) ou ainda ***hyakunin*** 百人 (ひゃくにん) (cem pessoas).

Fundamento: 百 (ひゃく)　　　Número de traços: seis

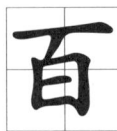

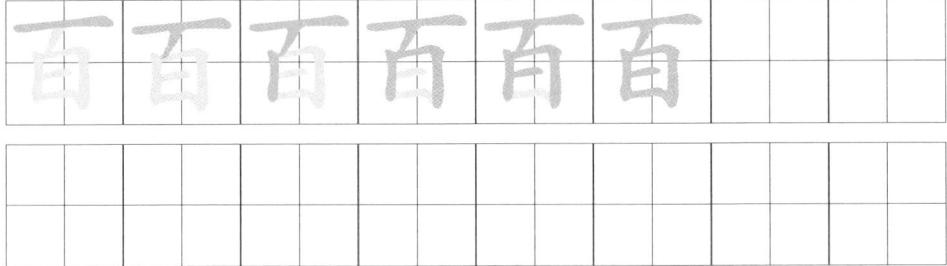

百	百	百	百	百	百										

千

mil

SEN/chi

千

A partir de mil, continuamos a contar sen.ichi, sen.ni, sensan etc. Depois, obtemos ***nisen*** 二千, ***sanzen*** 三千, ***yonsen*** 四千, ***gosen*** 五千, ***rokusen*** 六千, ***nanasen*** 七千, ***hassen*** 八千, ***kyûsen*** 九千. Composto, ele forma ***gosen*** 五千 (ごせん) (cinco mil), ***nisenjûgo*** 二千十五 (にせんじゅうご) (dois mil e quinze) ou ainda ***sennin*** 千人 (せんにん) (mil pessoas).

Fundamento: 千 (せん)　　　Número de traços: três

千	千	千													

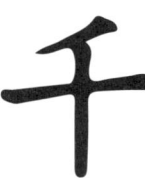

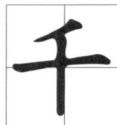

dez mil

Em japonês, o número dez mil tem um kanji particular, man 万. Encontramos sua grafia antiga nas cédulas japonesas, 萬. Colocando o número dois na frente, obtemos **niman** 二万 (vinte mil), e assim por diante. Para falar de dinheiro, combinamos com 円 para criar **ichiman.en** 一万円 (dez mil ienes).
<small>いちまんえん</small>

MAN

Fundamento: 一   Número de traços: três

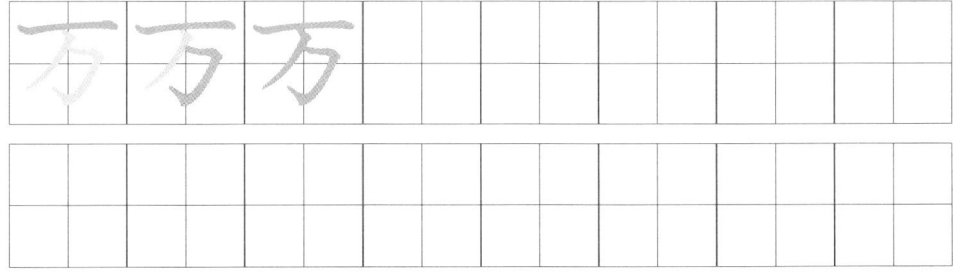

homem

Este kanji é empregado para falar das nacionalidades, muitas vezes a partir de palavras em inglês. Exemplo: **supeinjin** (espanhol), **amerikajin** (americano), **roshiajin** (russo), **furansujin** (francês), **italiajin** (italiano). Para falar das pessoas em geral, dizemos **hitobito** 人々. Se tem namorado ou namorada, dizemos **koibito** 恋人. Podemos combiná-lo para criar **gaijin** 外人 (o estrangeiro) ou **nihonjin** 日本人 (japonês).

JIN, NIN/
hito

Fundamento: 人<small>ひと</small>   Número de traços: dois

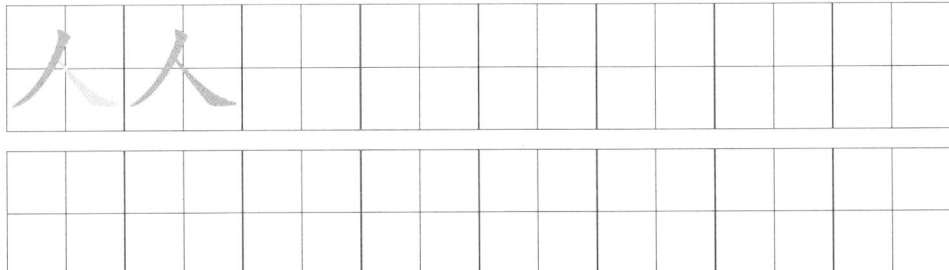

mulher

Vamos começar com o traço encurvado, partindo do alto, e não com o traço horizontal. **Onna** é um termo genérico para designar uma mulher. **Onna no ko** 女の子 é uma moça pequena ou jovem. **Josei** 女性 é um termo mais formal para designar uma mulher (literalmente, uma pessoa do sexo feminino).

JO, NYO/ onna

Fundamento: 女   Número de traços: três

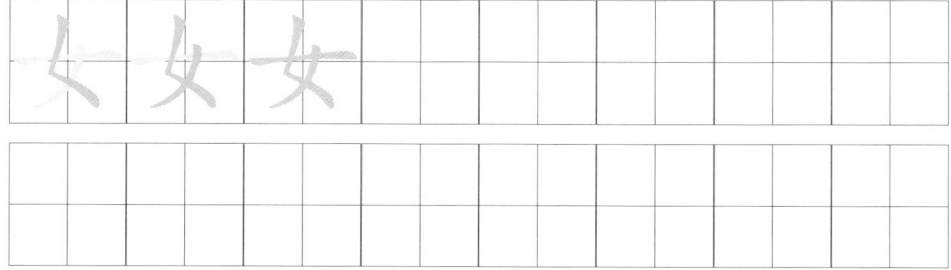

homem

As coisas se complicam com este kanji. Passamos repentinamente para sete traços! Não se deixe impressionar. Com prática, você saberá automaticamente por onde começar. Em outras palavras, se respeitar desde o início de seu estudo a ordem do traçado, o gesto virá, em seguida, naturalmente. **Otoko** é um termo geral para falar de um homem. **Otoko no ko** 男の子 designa um rapaz pequeno ou jovem. **Dansei** 男性 é um termo mais formal para designar um homem (literalmente, uma pessoa do sexo masculino).

DAN/otoko

Fundamento: 田   Número de traços: sete

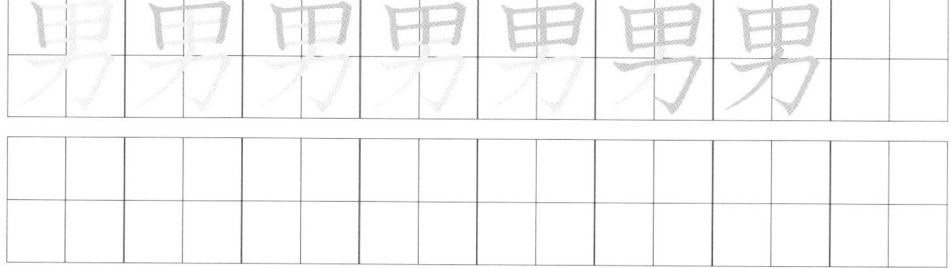

boca

Não, os japoneses não têm a boca quadrada! Mas este kanji representa bem a boca. Se for necessário, ele representa também uma passagem, daí os compostos **deguchi** 出口 (saída) e **iriguchi** 入口 (entrada). Perceba que ele é desenhado com três traços, e não quatro.

kuchi

Fundamento: 口   Número de traços: três

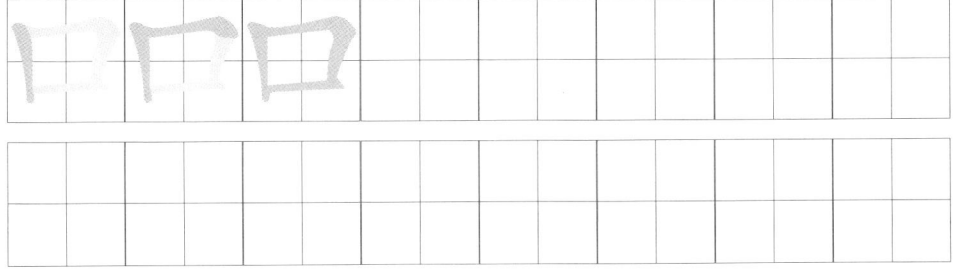

olho

MOKU, BOKU/me

No começo, este kanji se parecia com um olho, com uma pupila central, hoje simbolizada pelos dois traços centrais. O traçado tornou-se ainda mais abstrato, mas com um pouco de imaginação, você verá esse olho preto que o observa (lembre-se que o "e" japonês é sempre pronunciado como ê)! Podemos associá-lo a outros kanji para criar **hitome** 一目 (olhada) e **mokuteki** 目的 (o objetivo).

Fundamento: 目   Número de traços: cinco

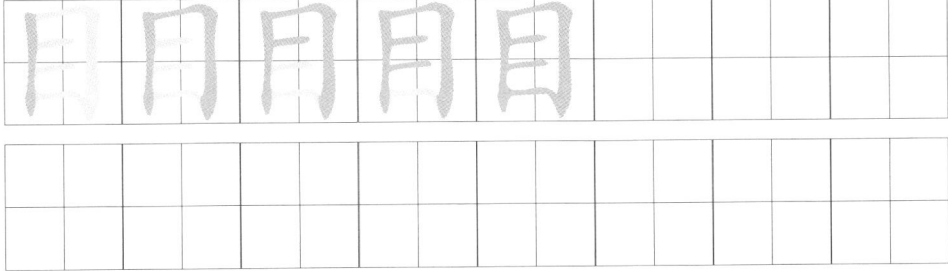

orelha

JI/mimi

É preciso reconhecer que esta orelha lembra muito o olho (me) anterior, no qual demos uma olhada. Os traços verticais e horizontais são mais alongados. Como recompensa pelo esforço que você já fez até agora, aqui está uma expressão divertida: **watashi wa mimi ga tôi** 私は耳が遠い (literalmente: quanto a mim, a orelha está longe). Fique tranquilo, não perdi a orelha nem a cabeça! Empregamos essa expressão para dizer que estamos um pouco surdos.

Fundamento: 耳   Número de traços: seis

mão

SHU/te

Façamos uma pausa te! Preciso dizer de novo que o "e" se pronuncia ê em japonês? Sem dúvida, as mãos dos japoneses parecem estranhas, mas, enfim, no Japão, você não precisará apertar mãos. Fique tranquilo! No inverno, você usará bolsas de mão (**tebukuro** 手袋). Em outras palavras, luvas (**bukuro** significa bolsa)! Combinado, ele se torna **tegami** 手紙 (carta) e **kitte** 切手 (selo).

Fundamento: 手   Número de traços: quatro

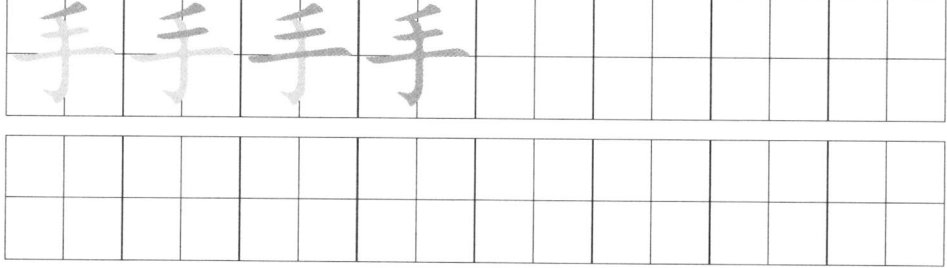

coração

SHIN/kokoro

Kokoro não tem nada a ver com nosso cocoricó, mas designa o coração, a alma, o espírito ou, ainda, a essência de algo. Para designar o órgão, existe outra palavra. É um kanji importante, muitas vezes evocado na poesia clássica. Assim, em 2011, um autor japonês publicou uma obra sob o título **nihonjin no kokoro ga wakaru nihongo** 日本人の心がわかる日本語 (A alma japonesa através de sua língua).

Fundamento: 心   Número de traços: quatro

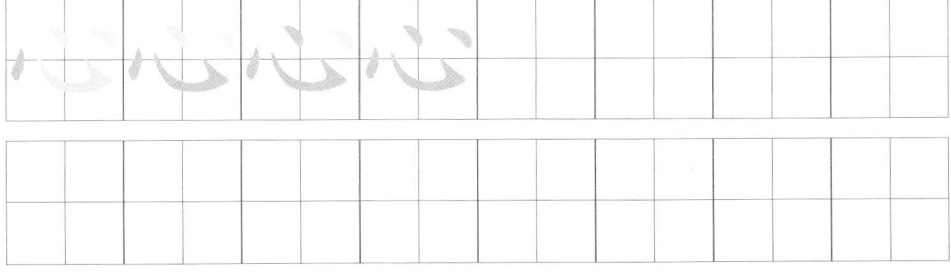

acima

JÔ, SHÔ/ue

Este kanji designa o que está em cima, portanto, no alto. E, por derivação, o que é grande, elevado. Ele deu origem a vários compostos, como ***jôkyô*** 上京 (ir para a capital), ***jôzu*** 上手 (ser hábil, dotado) ou, ainda, ***jônin*** 上人 (alguém superior). Pronunciado ***agaru*** 上がる, ele também significa "subir", "elevar-se", "subir para" (um nível superior).

Fundamento: 一   Número de traços: três

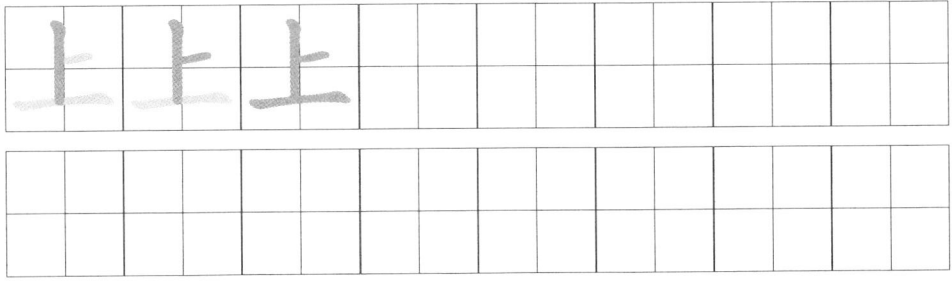

下

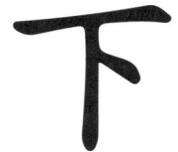

debaixo

Eis o inverso do kanji anterior. Ele significa o que está em baixo, é inferior, como nos seguintes exemplos: ***genin*** 下人 (alguém inferior, de baixa condição). Pronunciado ***oriru*** 下りる, significa "descer". Outra pronúncia, ***sagaru*** 下がる, (abaixar, diminuir).

KA, GE/shita

下

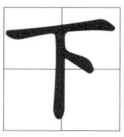

Fundamento: 一

Número de traços: três

下 下 下

前

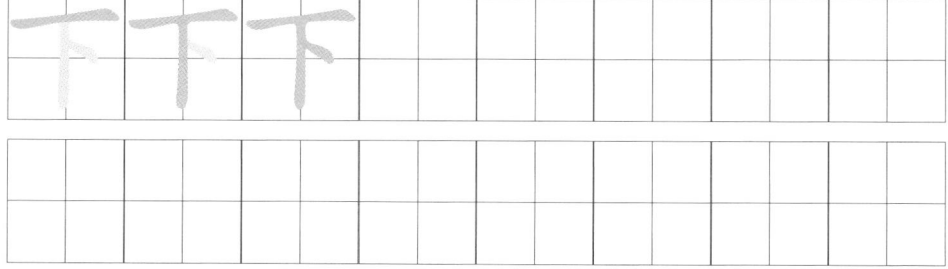

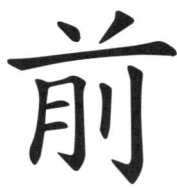

em frente, à frente

Este kanji designa o que está na frente e o que vem à frente, do ponto de vista temporal, como no seguinte exemplo: ***zenjitsu*** 前日 o próximo dia, a véspera. Associado a outro kanji, ele se torna ***namae*** なまえ 名前 (nome).

ZEN/mae

前

Fundamento: 刂

Número de traços: nove

前 前 前 前 前 前 前 前 前

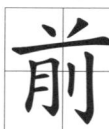

atrás

GO, KÔ/ato, nochi, ushi

Este kanji é um pouco mais complicado de escrever, pois comporta nove traços. Ele serve para localizar um objeto, um lugar, mas também para precisar o momento de uma ação no tempo. **Atoni** 後に e **ushiro** 後ろ têm o mesmo sentido e designam qualquer coisa que se encontra atrás. Por outro lado, **atode** 後で significa depois, mais tarde, como na expressão **de wa mata ato de** ではまた後で (Bom, até mais tarde!). De maneira mais formal, diríamos nochihodo 後ほど (depois).

Fundamento: イ　　　　Número de traços: nove

exterior

GAI/soto

Soto designa o que está no exterior ou, ainda, o que é estrangeiro em relação à sua família, no Japão. Encontramos esse kanji nos compostos **gaikoku** 外国 (país estrangeiro) ou, ainda, **gaiken** 外見 (aspecto exterior, aparência). No Japão, ouve-se muitas vezes o termo **gaijin** 外人 para designar estrangeiros.

Fundamento: 夕　　　　Número de traços: cinco

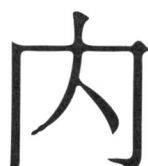

内 interior

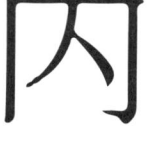

A palavra ***uchi*** designa tudo o que está no interior, em um círculo, espaço ou comunidade. Com frequência, opomos o que está ***soto*** (no exterior) e o que está ***uchi*** (no interior). Além disso, para falar de seu patrão ou seu marido, podemos dizer: ***uchi no shachô*** 内のしゃちょう (meu patrão), ***uchi no hito*** 内の人 (meu marido).

NAI/uchi

内

Fundamento: 冂 Número de traços: quatro

内 内 内 内

中 meio, centro

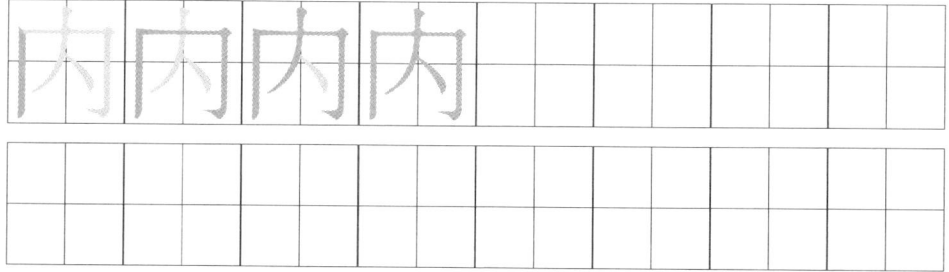

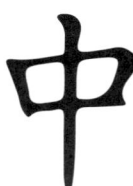

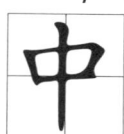

No leste da Ásia, temos o costume de dizer que existem cinco pontos cardeais: norte, sul, leste e oeste, mas também, centro, meio. Nas culturas chinesa e japonesa, esse kanji tem grande importância. Por muito tempo, as relações entre os países dessa região foram regidas pela ***chûgoku*** 中国 (China), o país do meio, enquanto os outros países gravitavam em torno dela. Combinado ao kanji do coração, torna-se ***chûshin*** 中心 (ちゅうしん) (central, no centro).

CHÛ/naka

中

Fundamento: 丨 Número de traços: quatro

中 中 中 中

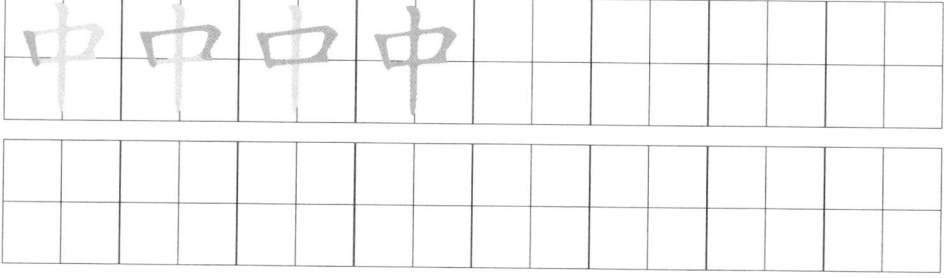

norte

Encontramos este kanji no nome da capital chinesa **Pekin** 北京 (a capital do norte), assim como no nome de uma região do Japão, **tôhoku** 東北, no norte da ilha de Honshû. Essa região é conhecida por suas magníficas paisagens no outono, quando as folhas das árvores mudam de cor. Combinado ao kanji do leste, criamos **hokutô** 北東 (nordeste).

HOKU/kita

Fundamento: 匕   Número de traços: cinco

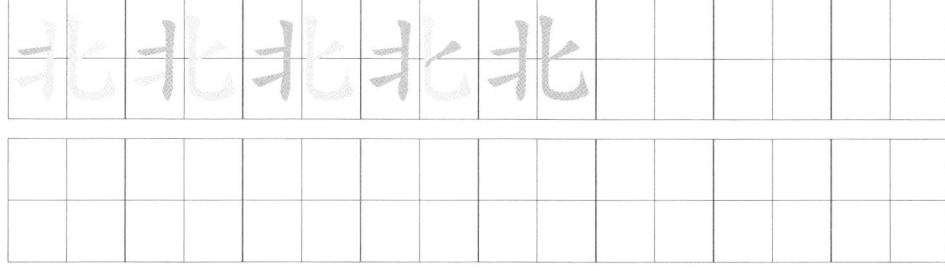

oeste

Este kanji designa o oeste e tudo o que se encontra a oeste. Também existe, igualmente, uma expressão pronta: **nishi mo higashi mo wakaranai** 西も東も分からない (alguém que não tem referência, que não conhece nada). Associado ao kanji do sul, criamos **seinan** 西南 (sudeste).

SEI/nishi

Fundamento: 西   Número de traços: seis

sul

Diríamos que o sul... é o sul, mas, em japonês, dizemos minami. **Nanka** 南下 significa "ir em direção ao sul", por exemplo em direção a **Minami Amerika** 南アメリカ (América do Sul) ou **Minami Afurika** 南アフリカ (África do Sul).

NAN/minami

Fundamento: 十   Número de traços: nove

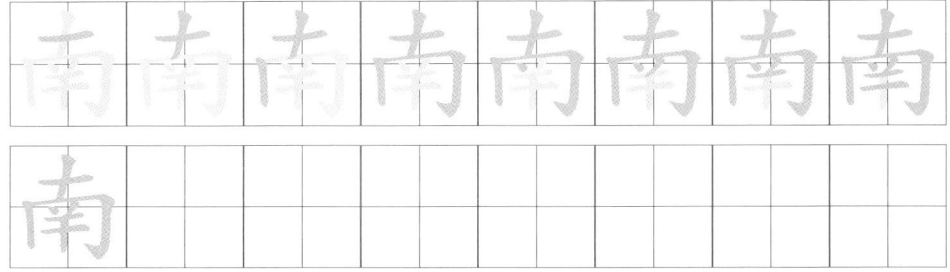

leste

O Japão é um arquipélago situado a leste da China, mas a oeste dos Estados Unidos. Tudo depende do ponto de vista geográfico. Por muito tempo, Kioto foi sua capital, mas, a partir da restauração de Meiji, o novo Governo japonês instalou seus distritos na cidade de Edo, rebatizada Tôkyô, a capital do leste. Encontramos essas indicações geográficas em tôkyô 東京 (cidade de Tóquio) e **tôhoku** 東北 (Tôhoku, região do nordeste).

TÔ/higashi

Fundamento: 木   Número de traços: oito

NICHI, JITSU/hi

dia, sol

Eis aqui o símbolo do Japão, que encontramos em sua bandeira, o **hi no maru** 日の丸 (sol redondo), em geral, vermelho. Serve igualmente para designar o país, **nihon** ou **nippon** 日本 (Japão), que traduzimos poeticamente no Ocidente como Terra do Sol Nascente. Não o confunda com o kanji do fogo, que tem a mesma pronúncia (hi). Associado aos números, escrevemos 一日 (primeiro dia), 二日 (segundo dia), 三日 (terceiro dia) etc. Podemos igualmente criar **nichiyôbi** 日ようび (domingo).

Fundamento: 日   Número de traços: quatro

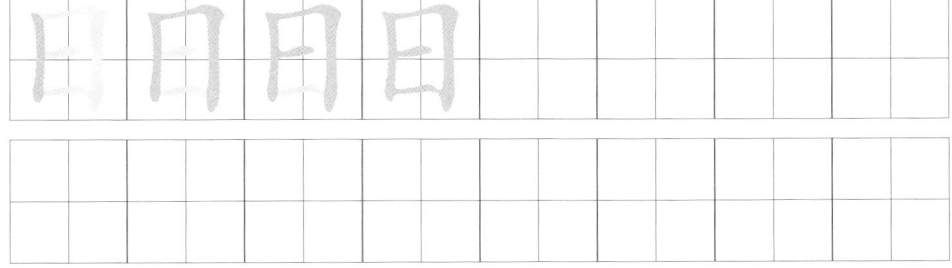

GATSU, GETSU/tsuki

lua

A lua é um elemento muito importante na cultura japonesa, da mesma forma que a flor de cerejeira. Sempre que é evocada em um poema, sabemos que se faz referência a uma estação em particular, o outono. Os japoneses apreciam sobretudo a lua cheia, a tal ponto que inventaram uma palavra específica para designar o fato de sair para admirá-la: **tsukimi** 月見. Combinado a outros kanji, criamos **ichigatsu** 一月 (janeiro) e **getsuyôbi** 月ようび (segunda-feira).

Fundamento: 月   Número de traços: quatro

terra

Eis aqui um kanji relativamente fácil de escrever. É encontrado em compostos como **doyôbi** 土ようび (sábado) ou, ainda, **doma** 土間 (em uma casa tradicional, uma sala em que o chão é de terra batida).

DO/tsuchi

Fundamento: 土   Número de traços: três

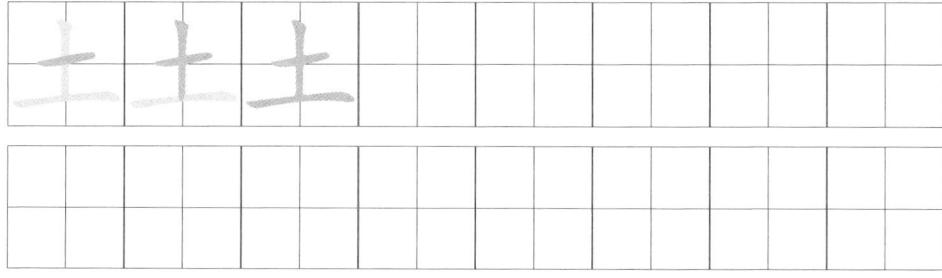

fogo

Este kanji evoca uma chama que cintila. Nós a vemos dançar, não é? Se você acrescentar o kanji da flor, obterá **hibana** 火花 (faísca). Acrescente a boca e terá **kakô** 火口 (cratera). Encontramos esse kanji nas palavras **kaji** 火事 (incêndio) e **kayôbi** 火ようび (terça-feira).

KA/hi

Fundamento: 火   Número de traços: quatro

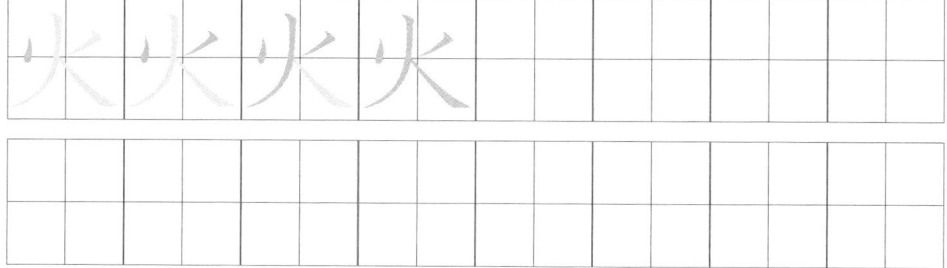

MIZU/sui

água

Este kanji é muitas vezes empregado para formar combinações de kanji ligados à água. Por exemplo, **suidama** 水だま (gota d'água), **suisha** 水しゃ (roda d'água), **mizuni suru** 水煮する (ferver na água). Geralmente, utilizamos **omizu** お水 para pedir água. Encontramos igualmente esse kanji em **suiyôbi** 水ようび (quarta-feira).

Fundamento: 水　　　Número de traços: quatro

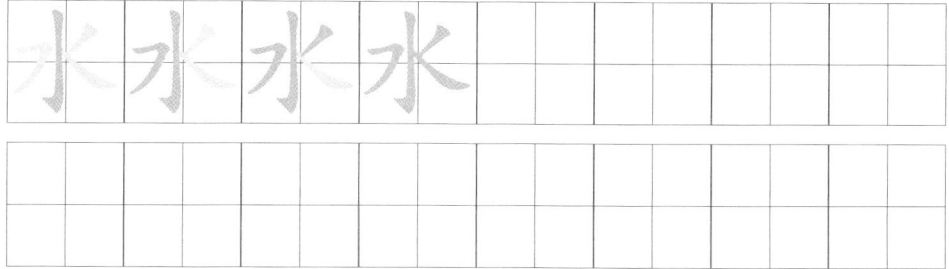

FÛ, PÛ/kaze

vento

O Japão é regularmente atingido por catástrofes naturais, como os **taifû** 台風 (tufões). Nem é preciso dizer que o arquipélago é varrido por ventos violentos. Mas já ocorreu de esses mesmos ventos socorrerem os japoneses. De fato, no fim do século XIII, o temível exército mongol tentou invadir o arquipélago. Os valentes samurais japoneses duraram apenas duas tempestades providenciais, que dispersaram as embarcações inimigas. Os japoneses batizaram essas tempestades de **kamikaze** 神風 (vento divino).

Fundamento: 風　　　Número de traços: nove

montanha

Não dá para imaginar facilmente o topo das montanhas olhando para este kanji? O monte japonês mais famoso é, com certeza, o Fuji, que chamamos no Japão de **fujisan** 富士山, e não de fujiyama, como alguns estrangeiros o chamam erroneamente. Combinado a outros kanji, ele permite dar nome ao **kazan**, 火山 (vulcão).

SAN, ZAN/yama

Fundamento: 土   Número de traços: três

rio

O kanji do rio é, sem dúvida, como o da montanha, um dos mais fiéis, por sua forma, à grafia antiga. Estes três traços, fáceis de memorizar, reproduzem a água que flui calmamente. Encontramos esse kanji nos sobrenomes ou nos nomes de localidades, como na cidade de **Kawasaki**.

SEN/kawa

Fundamento: 川   Número de traços: três

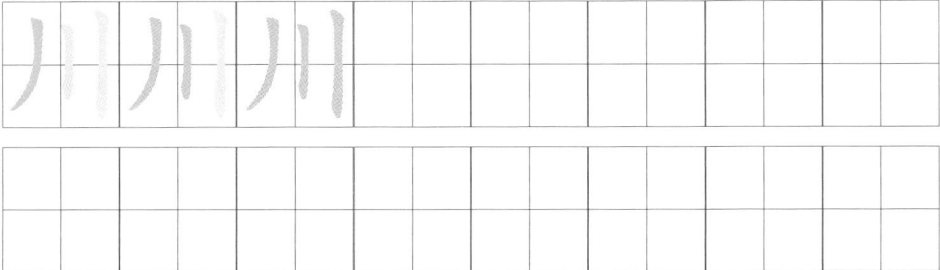

mar

Guarde bem este kanji! Sendo o Japão composto de ilhas, você terá com frequência ocasião de falar disso, sobretudo se gostar de navegar (**kaijô wo iku** 海上を行く). Encontramos igualmente esse kanji em **kaigai** 海外 (no estrangeiro).

KAI/umi

Fundamento: 氵   Número de traços: nove

plantação de arroz

Eis aqui mais um kanji fácil de memorizar: basta imaginar um padrão quadriculado. Encontramos esse kanji em sobrenomes, como **Tanaka** 田中.

DEN/ta

Fundamento 田   Número de traços: cinco

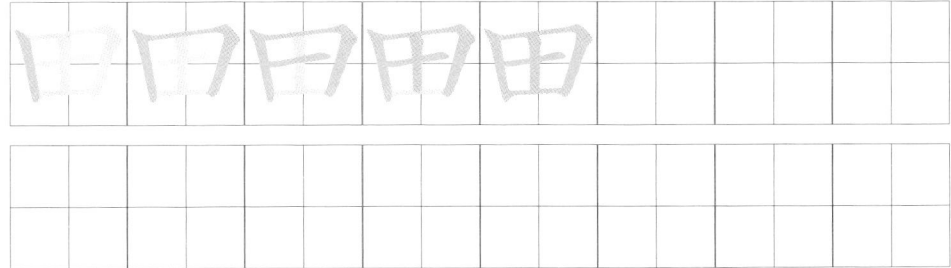

árvore

Este kanji entra na composição da palavra quinta-feira: **mokuyôbi** 木ようび.

MOKU/ki

Fundamento: 木   Número de traços: quatro

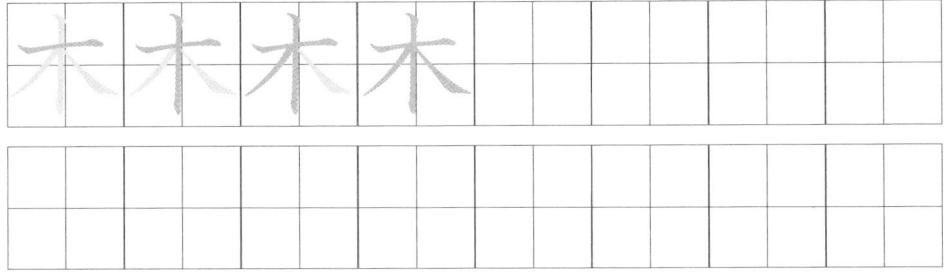

agora

O fundamento da palavra homem entra na composição de vários kanji. Podemos encontrá-lo, como aqui, na parte superior ou também na parte esquerda. A combinação dos dois kanji, agora 今 e dia 日, forma duas palavras novas, com pronúncia e sentidos diferentes, kyô e konnichi. Não os confunda, o segundo é sempre seguido de **wa**: は 今日(**kyô**) hoje, 今日は (**konnichi wa**) bom dia.

KON/ima

Fundamento: 人   Número de traços: quatro

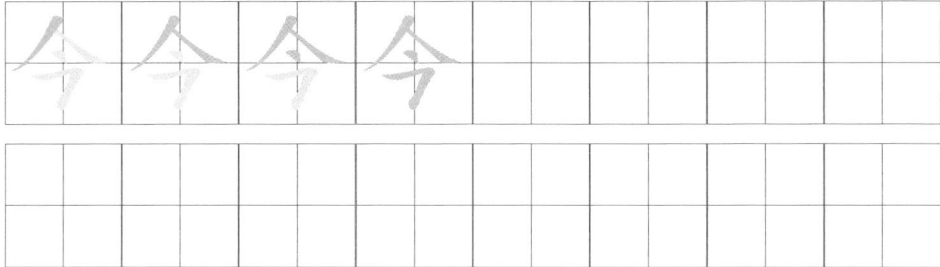

CHÔ/asa

manhã

As coisas parecem se complicar com este kanji. Passamos repentinamente a doze traços. Entretanto, ao chegar aqui, você já conhece o fundamento de lua, que aparece na parte direita. Resta apenas acrescentar duas pequenas cruzes, com o kanji de dia no centro. O kanji de manhã encontra-se associado ao de dia para formar **Asahi** 朝日, o nome de uma cerveja e um jornal japonês.

Fundamento: 月   Número de traços: doze

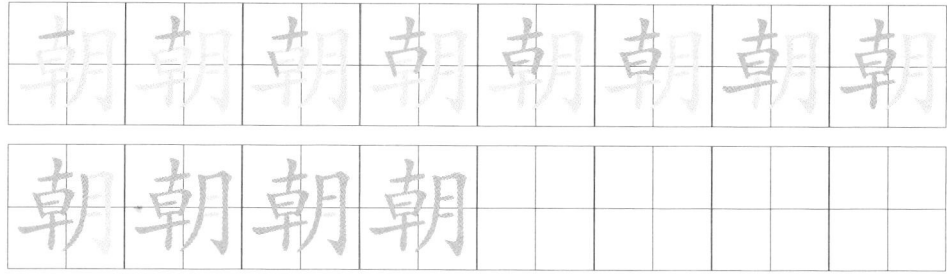

YA/yoru

noite

Durante a semana, a noite é o momento em que os japoneses, sobretudo os homens, relaxam do estresse do dia em bares e restaurantes. Você os verá muito descontraídos. Por vezes, alguns desaparecem, por razões diversas, mas essencialmente por questões de dívidas. Os japoneses chamam isso de **yonige** 夜にげ (desaparecer na noite).

Fundamento: 夕   Número de traços: oito

Caderno de Ideogramas Japonês Para Leigos

cachorro

O melhor amigo do homem tem esta aparência em kanji. Estranho, não? Perceba que ele lembra muito o ideograma **dai**, porém, com um pequeno toque na parte superior direita. Não se esqueça dele, senão corre o risco de escrever "Tenho um grande" ou "Passeio com um grande", com todo o contrassenso que isso implica.

KEN/inu

Fundamento: 犬   Número de traços: quatro

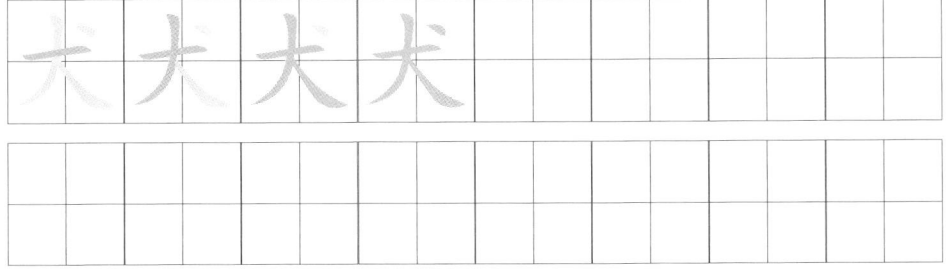

gato

O gato é derivado, por sua vez, do fundamento de animal, em seu lado esquerdo, embora não o encontremos no kanji de cachorro. Vá descobrir o porquê. Talvez consideremos o cachorro mais que um animal? De qualquer forma, o gato é um animal de bom agouro para os comerciantes. Muitas vezes, nas lojas, um **maneki neko** まねき猫 faz sinal com a pata como boas-vindas.

BYÔ/neko

Fundamento: 犭   Número de traços: onze

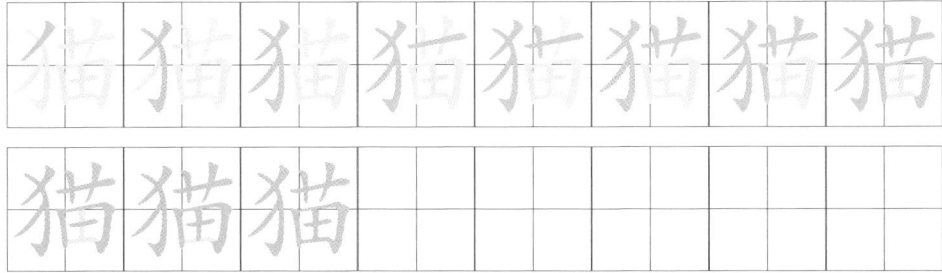

vaca

A vaca não é um animal sagrado no Japão. No entanto, lá encontramos uma carne "sagrada" que derrete, uma das melhores do mundo, o bife de Kobe! Os japoneses não comem só sushi, mas também **ushi** grelhado ou guisado. No verão, frequentemente vemos nos parques, em festivais, famílias reunidas em torno de churrasqueiras para comer **gyûniku** 牛肉, carne de boi.

GYÛ/ushi

Fundamento: 牛   Número de traços: quatro

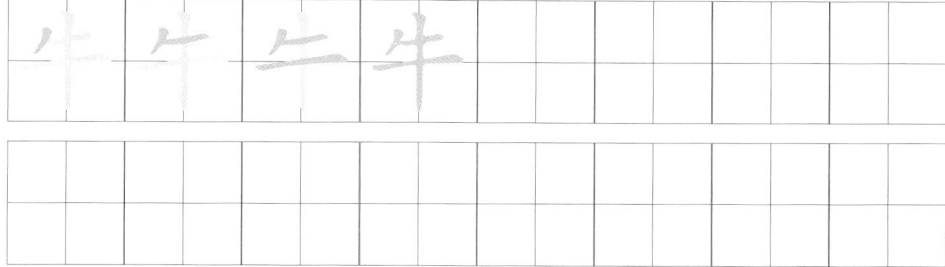

peixe

Em japonês, todos os nomes de peixes têm o fundamento do peixe. Então, é tranquilo! O Japão é conhecido por sua cozinha à base de peixes crus, sushi e sashimi. Mas os peixes lá também são grelhados: cavala, salmão, peixe-espada etc. Existem também peixes decorativos: as carpas, ou **koi**, nadam em tanques ou flutuam ao gosto do vento no céu, os **koinobori**. Mas são de papel, não de comer!

GYO/sakana

Fundamento: 魚   Número de traços: onze

carne

Veja só um kanji em forma de costelas! Acrescente-o aos kanji de vaca, porco ou, ainda, galinha e você terá carne de boi (**gyûniku** 牛肉), porco (**butaniku** ぶた肉) e galinha (**toriniku** とり肉). Acrescente um pouco de tendão e terá magníficos **kin.niku** 筋肉 (músculos).

NIKU

Fundamento: 肉   Número de traços: seis

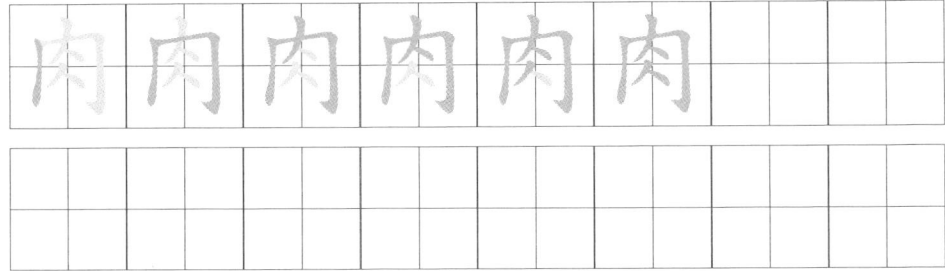

flor

A palavra **hana** (flor) é, igualmente, muito importante para os japoneses. Na literatura, principalmente na poesia clássica, a flor, por excelência, é aquela da cerejeira, símbolo da beleza fugaz e efêmera. Podemos associá-la ao fogo para obter **hanabi** 花火 (fogos de artifício).

KA/hana

Fundamento: 艸   Número de traços: sete

mamãe

BO/haha

Quando um japonês vê sua mãe, ele diz haha. Por outro lado, se você falar da mãe de alguém, empregará o termo respeitoso, **okâsan** お母さん. Tradicionalmente, a esfera familiar é atribuída à mãe japonesa, que para de trabalhar desde o primeiro filho. Ela controla o dinheiro e se ocupa da educação dos filhos. Evidentemente, fala com eles na **bokokugo** 母こくご, em outras palavras, a língua materna.

Fundamento: 母   Número de traços: cinco

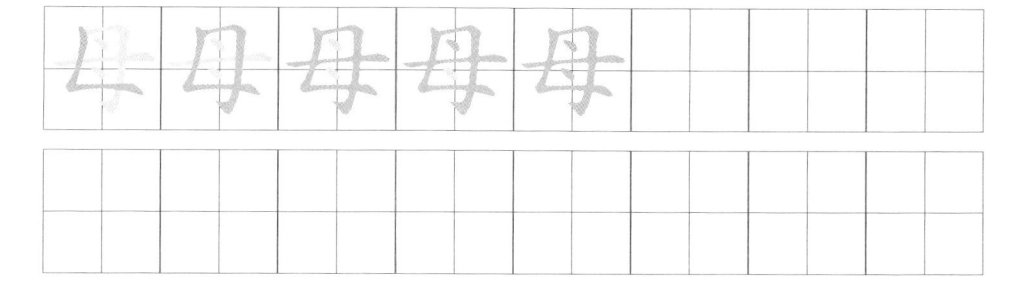

papai

FU/chichi

Otôsan お父さん é um termo respeitoso para designar o pai. A figura contemporânea do pai japonês é aquela do **salariman** サラリーマン, que sai cedo pela manhã e volta tarde da noite, por voltas das 23 horas ou meia-noite. Ele assegura as finanças da casa. Para isso, não hesita em ficar até tarde no trabalho e sair com seus colegas de escritório para contribuir com a conexão do grupo da empresa.

Fundamento: 父   Número de traços: quatro

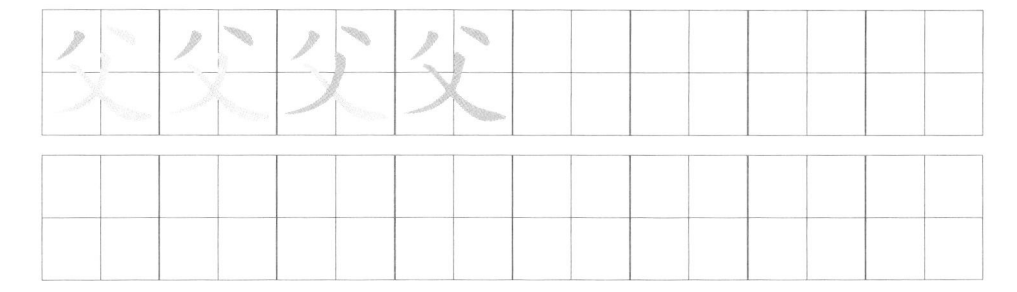

兄

irmão mais velho

Você já conhece o kanji de boca. Acrescente a ele um bigode e terá o irmão mais velho, chamado respeitosamente de **onîsan** お兄さん. A palavra **aniki** 兄き tem o mesmo significado, mas com grande conotação. Ele é, na verdade, empregado pelos membros da máfia japonesa para designar o chefe de uma gangue, como no filme epônimo do cineasta japonês Takeshi Kitano.

KEI, KYÔ/ani

Fundamento: 儿   Número de traços: cinco

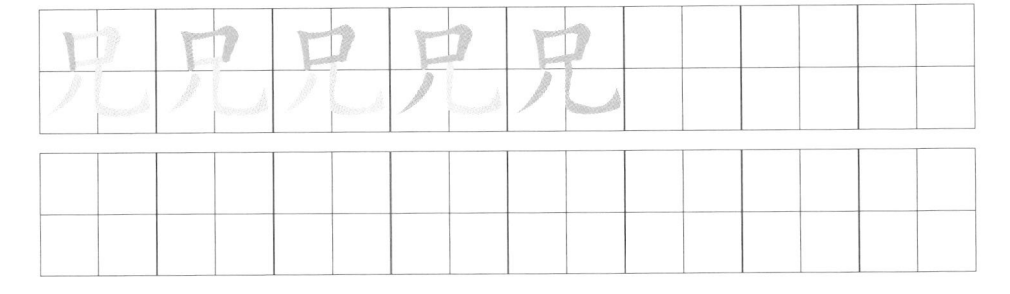

姉

irmã mais velha

Você já deve ter visto o fundamento de mulher na parte esquerda desse kanji. **Onêsan** お姉さん designa a irmã mais velha, de maneira respeitosa.

SHI/ane

Fundamento: 女   Número de traços: oito

TEI, DAI/ otôtô

irmão mais novo

Junte o irmão mais velho e o irmão mais novo para obter a palavra **kyôdai** 兄弟 (irmãos). O kanji de irmão mais novo serve para formar **deshi** 弟子, em outras palavras, um discípulo.

Fundamento: 弓   Número de traços: sete

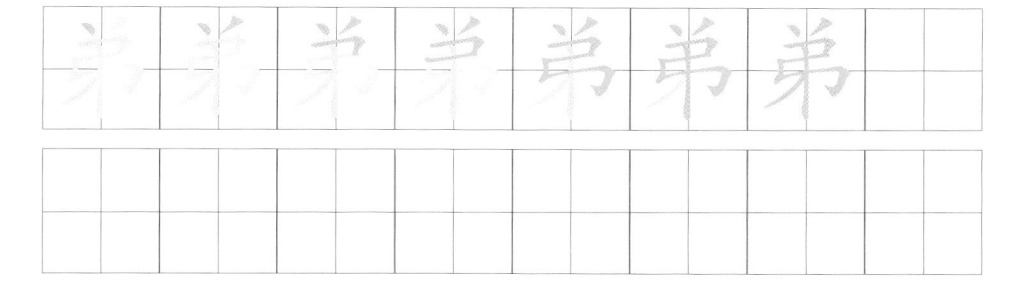

SHI, SU/ko

criança

Eis aqui um kanji de três traços fácil de escrever. Tome o cuidado de alongar bem a linha horizontal. É importante respeitar a proporção de cada traço. A partir desse kanji, formamos as palavras **kodomo** 子ども (filho), **joshi** 女子 (mulher), **futago** 双子 (gêmeos). Encontramos igualmente esse kanji em nomes femininos como: Hiroko, Kimiko, Yuko, Akiko etc. Nem sempre é evidente para um brasileiro se um nome é masculino ou feminino. De agora em diante, você saberá que um nome que termina em "ko" é obrigatoriamente associado a uma mulher.

Fundamento: 子   Número de traços: três

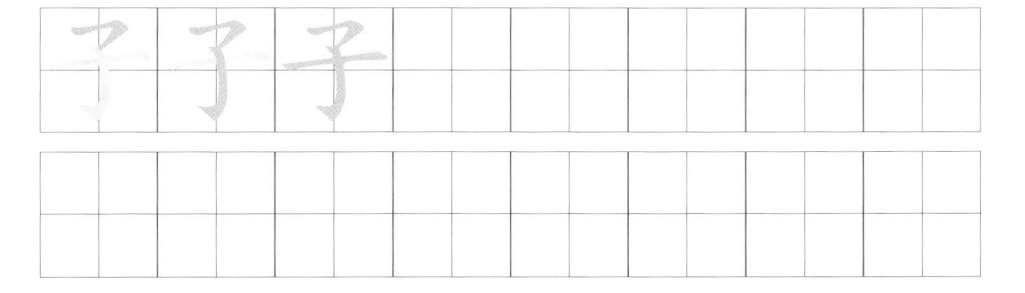

友

amigo

Existem duas palavras para designar um amigo em japonês **yûjin** 友人 e **tomodachi** 友だち. Este último é empregado com mais frequência. Encontramos esse kanji também em nomes como Tomoe ou Tomoko.

YÛ/tomo

Fundamento: 又   Número de traços: quatro

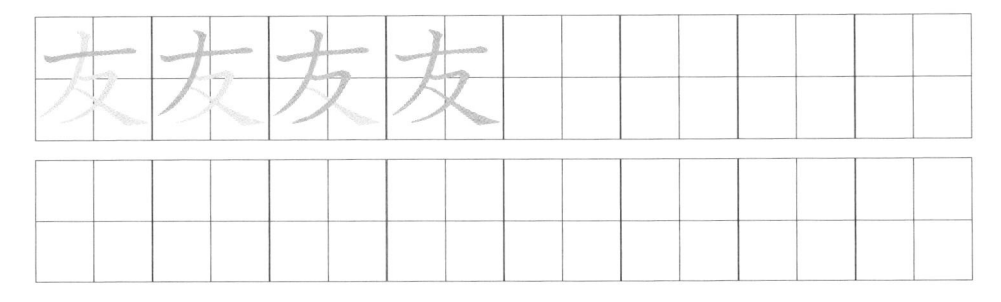

高

alto, caro

Este kanji em japonês tem duplo sentido quando é pronunciado **takai** 高い. De acordo com o contexto, essa palavra significará "alto" ou também "caro". Combinado a outro kanji, é pronunciado kô, como na palavra **kôzan** 高山 (montanha alta).

KÔ/taka

Fundamento: 高   Número de traços: dez

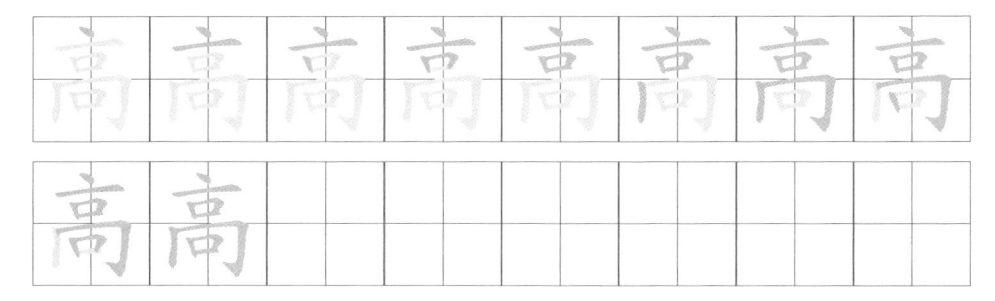

大

DAI, TAI/ô

grande

Este kanji de três traços é relativamente fácil de memorizar. Por outro lado, não o confunda com o de cachorro, que tem um pequeno traço suplementar na parte superior direita. Pronunciado **ôkii** 大きい, significa "grande" (ou "gordo" em função do que é designado). Combinado com outros kanji, é pronunciado **dai** com mais frequência. Exemplo: **daiji** 大事 (coisa importante). Claro, há casos particulares, como a palavra **ôame** 大雨 (aguaceiro).

Fundamento: 大   Número de traços: três

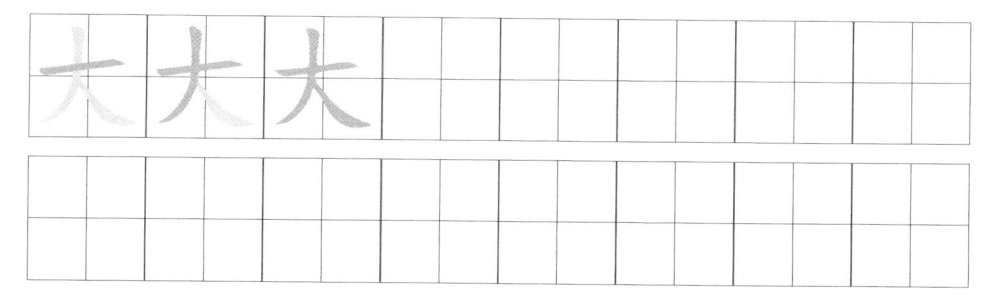

小

SHÔ/chî

pequeno

Pronunciado **chîsai** 小さい, este kanji significa "pequeno". Combinado a outro kanji, ele qualifica, naturalmente, aquilo que é pequeno, como em **kosame** 小雨 (chuvisco).

Fundamento: 小   Número de traços: três

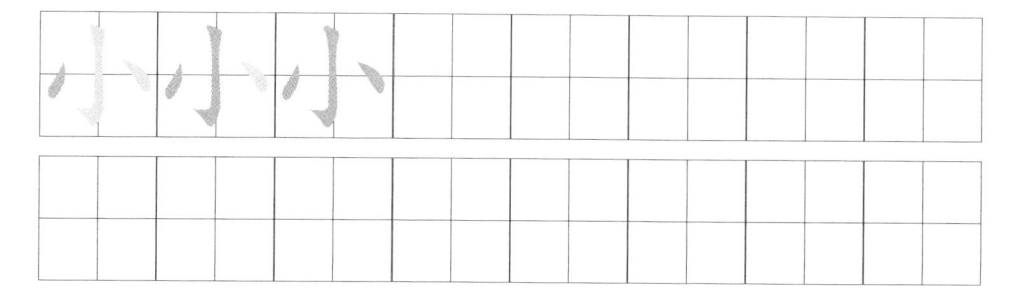

円 redondo/iene

EN/maru

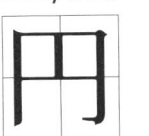

Em um restaurante ou uma loja grande, este kanji é essencial para saber o preço de um prato ou um artigo. Ele aparece igualmente nas moedas e cédulas japonesas. Perceba que é pronunciado "en", e não iene, como temos o hábito de falar. Quando o iene sobe, falamos de **endaka** 円高 (alta do iene).

Fundamento: 冂   Número de traços: quatro

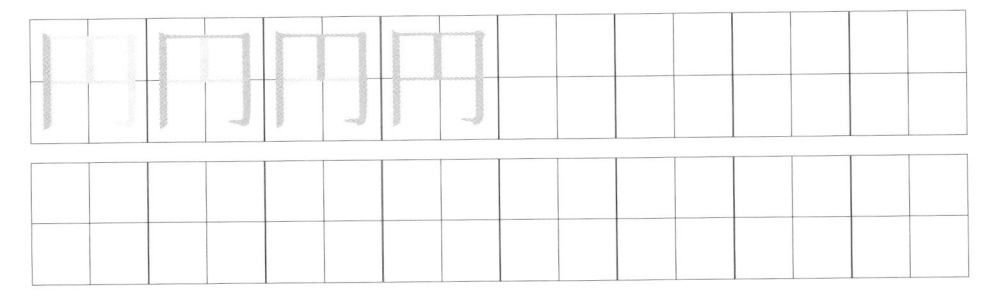

近 perto, próximo

KIN/chika

Perceba que o fundamento é, em geral, simplificado. Nesse caso, ele se encontra na parte esquerda do kanji. Pronunciado **chikai** 近い, significa "próximo", ao passo que para se aproximar, dizemos **chikazuku** 近づく.

Fundamento: 辵   Número de traços: sete

longe, afastado

EN/Tô

Não se assuste com este kanji! Retome o fôlego e olhe de perto. Ele não é tão ruim, mesmo com o número de traços subindo para treze! É preciso decompor em três partes: fundamento à esquerda, parte superior dos traços, lembrando o kanji de terra e, por fim, o restante, em forma de boca quadrada com protuberâncias na parte inferior. Pronunciado **tôi** 遠い, significa longe ou afastado no espaço ou no tempo.

Fundamento: 辶   Número de traços: doze

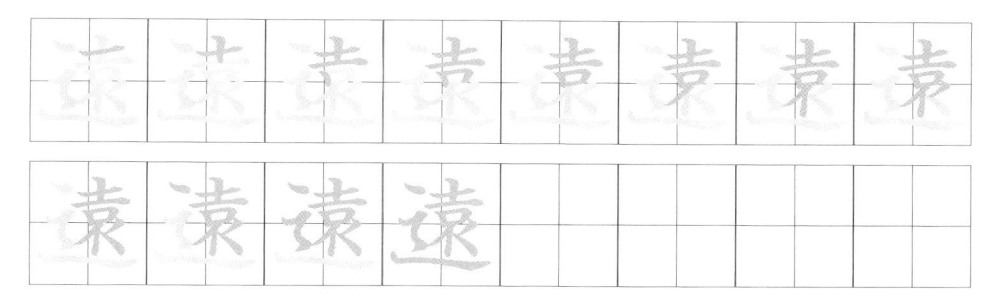

ir

KÔ, GYÔ/i

Pronunciado **iku** 行く, esse kanji significa "ir" ou "dirigir-se a algum lugar". Combinado com o kanji de dinheiro, forma a palavra **ginkô** ぎん行 (banco).

Fundamento: 行   Número de traços: seis

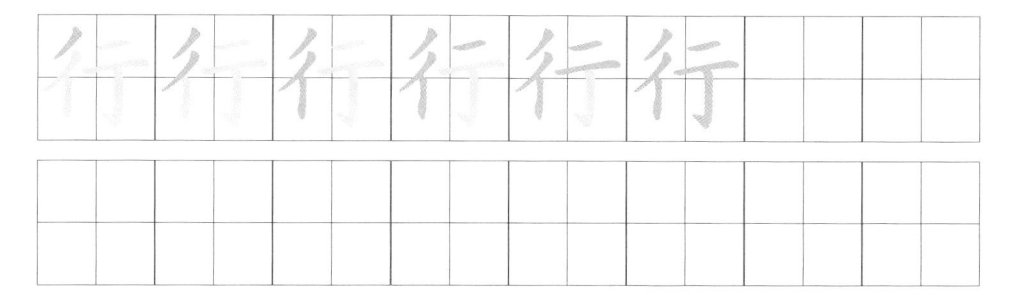

見

KEN/mi

ver

Você tem a sensação de já ter visto este kanji nas páginas anteriores? Não está enganado: ele lembra o kanji de olho, não é? Normal, pois como veremos sem olho? Dê uma **ikken** 一見 (olhada) nas palavras a seguir: **miru** 見る (ver), **mieru** 見える (olhar), **miseru** 見せる (mostrar).

Fundamento: 見   Número de traços: sete

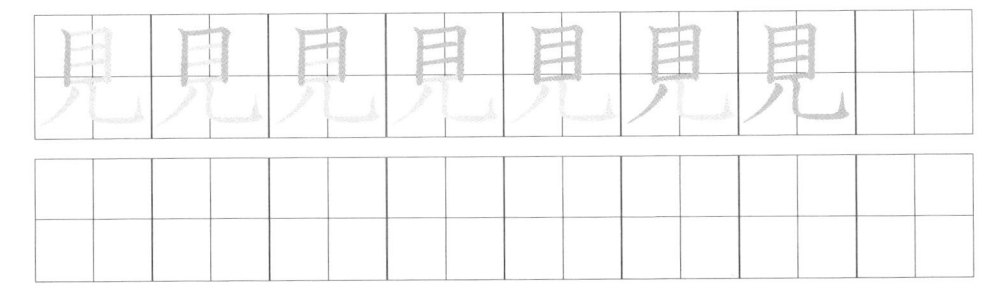

門

MON/kado

porta

Veja uma bela porta de taberna: dois basculantes que batem quando o caubói entra para tomar uma bebida. Eu asseguro, não há tabernas no Japão, mas estou tentando ajudá-lo a memorizar esse kanji! E um samurai entrando em uma taberna é mais raro, você deve admitir. Veja aqui uma combinação um pouco redundante, dado que associa o kanji de porta ao de boca: **kadoguchi** 門口 (porta ou entrada).

Fundamento: 門   Número de traços: oito

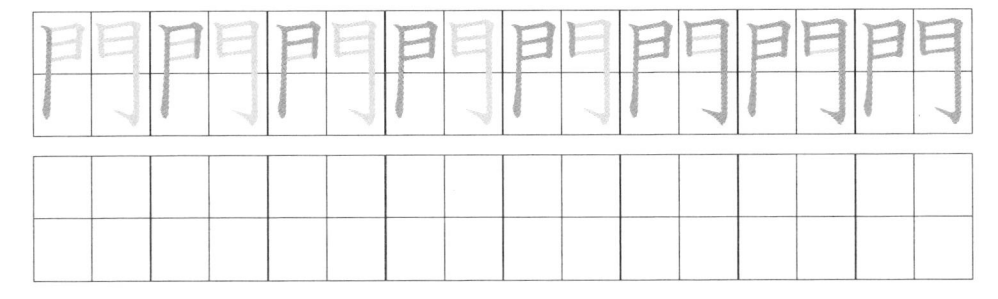

聞
BUN, MON/kiku

ouvir

Percebemos, neste kanji, a associação de porta 門 e orelha 耳. Asseguro, não é bonito colar a orelha na porta para escutar o que é dito, mas abra uma exceção. Os japoneses empregam esse kanji para **kiku** 聞く (ouvir ou pedir) e **kikoeru** 聞こえる (escutar). Combinado ao kanji que significa "novo", obtemos a palavra **shimbun** 新聞 (jornal).

Fundamento: 耳   Número de traços: quatorze

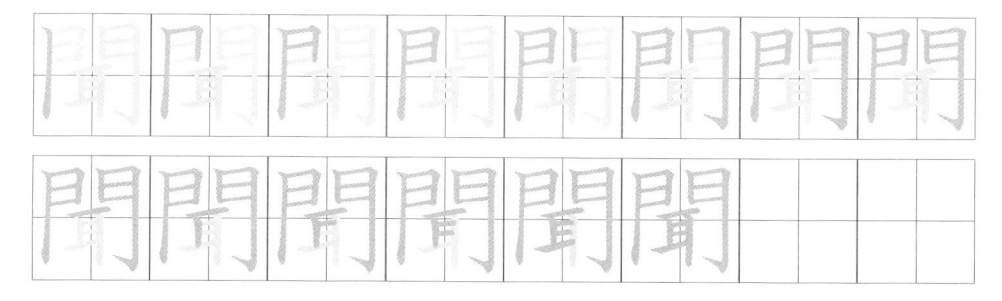

言
GEN, GON/i

falar, discurso

Para pedir alguma coisa, você emprega a palavra **iu** 言う (falar). Se acrescentar o **to** と de citação na frente, poderá fazer uma citação para relatar o que foi dito por alguém. Ex: ele falou que... と言う.

Fundamento: 言   Número de traços: sete

買

BAI/ka

comprar

Encontramos neste kanji o caractere de concha, *kai* 貝. Há muito tempo, os homens, principalmente na China, utilizavam conchas como dinheiro. Hoje, elas são inúteis para fazer *kaimono* 買い物 (compras). No momento da *kau* 買う (compra), o comerciante japonês ficará muito surpreso se você lhe entregar conchas no lugar de ienes.

Fundamento: 貝   Número de traços: doze

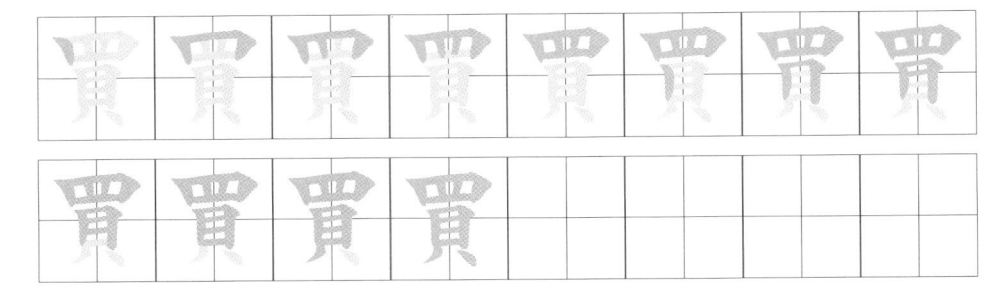

売

BAI/u

vender

Durante o alto crescimento econômico japonês nos anos 1970 e 1980, os japoneses eram conhecidos por *uru* 売る (vender) artigos econômicos de boa qualidade no mundo inteiro. Hoje, as *baibai* 売買 (compras e vendas) são mais difíceis, mas o Japão ainda permanece sendo a terceira potência econômica mundial. Então, faça baibai no Japão para estimular sua economia!

Fundamento: 士   Número de traços: sete

coisa

BUTSU, MOTSU/mono

Que **mono** 物 (coisa) é essa que eu não entendi? Bem, é uma palavra com sentido vago que serve para designar várias coisas, sem que precisemos nomeá-las. As mulheres japonesas ainda hoje continuam a usar magníficos **kimono** 着物 (literalmente, coisas de vestir, roupas). Muitas vezes, vão a restaurantes vestidas assim para comer **tabemono** たべ物 (literalmente, o que se come, a comida).

Fundamento: 牛   Número de traços: oito

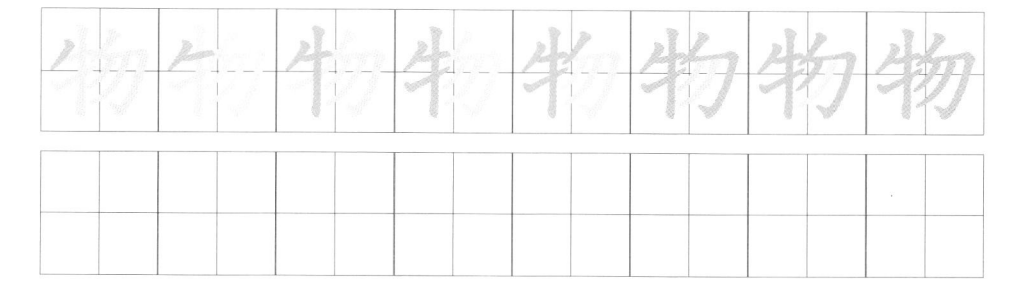

sair

SHUTSU/de

Este kanji faz pensar em dois tridentes, um embaixo do outro. Serve para **deru** 出る (sair) de um lugar, em geral pela **deguchi** 出口 (saída), mas também para **dasu** 出す (tirar) um objeto. Ele indica também a partida, associado ao kanji hatsu. Isso forma **shuppatsu** 出発 (partida).

Fundamento: 凵   Número de traços: cinco

入

entrar

É um kanji simples de escrever, pois é composto de dois traços. Lembra um chapéu cônico. Pronunciado **hairu** 入る, significa "entrar", em geral, por uma **iriguchi** 入口 (entrada), enquanto **ireru** 入れる significa "introduzir", "colocar".

NYÛ/i, hai

Fundamento: 入   Número de traços: dois

本

raiz, base, livro

Você já memorizou o kanji de árvore? Então só precisa acrescentar um tracinho que lhe servirá de base. Coloque-o depois do sol e obterá **nihon** 日本 (ou nippon), a base do sol, em outras palavras, o sol nascente, o Japão. Outro sentido: livro. Associado ao kanji de loja, obtemos **honten** 本店 (livraria).

HON/moto

Fundamento: 木   Número de traços: cinco

国

país

O kanji kuni servia, antigamente, para designar uma província. Por isso, encontramos esse significado no nome da ilha de **Shikoku** 四国 (quatro províncias). Quando você está fora do país, está em território **gaikoku** 外国 (estrangeiro). Em 1937, Yasunari Kawabata publicou seu famoso romance, **yukiguni** ゆき国 (país de neve).

KOKU/kuni

Fundamento: 囗   Número de traços: oito

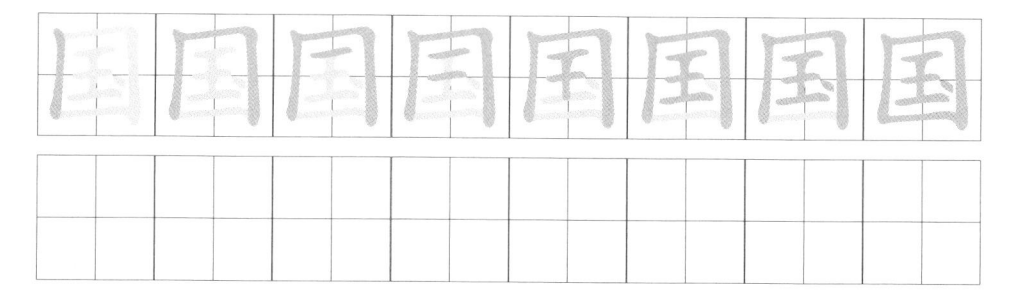

店

loja

Nós já encontramos este kanji associado ao do livro, **honten** 本店. Veja aqui outro termo corrente para designar uma livraria: **shoten** 書店. Em toda boa livraria japonesa, encontramos **ten.in** 店員 (vendedores) prestativos.

TEN/mise

Fundamento: 广   Número de traços: oito

書

escrever

Por onde começar este kanji? É preciso admitir que, à primeira vista, ele não é fácil de escrever. Mas você já viu outros mais difíceis! É importante apenas respeitar a ordem dos traços, pois esse kanji significa "escrever" quando pronunciado **kaku** 書く. É encontrado, naturalmente, no kanji de caligrafia, **shodô** 書道, em outras palavras, o caminho da escrita.

SHO/ka

書

Fundamento: 日   Número de traços: dez

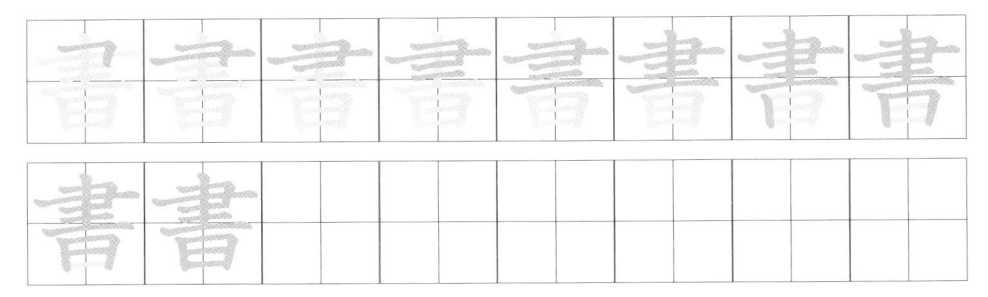

茶

chá

Um kanji importantíssimo para conhecer! O Japão é o país do cha (chá), que designamos geralmente com o termo **ocha** お茶. Além disso, o chá revela também o **sado** 茶道 (caminho do chá). Fique tranquilo, não é doloroso, exceto para seus joelhos, que correm o risco de sofrer no tatame por ficar ajoelhado.

CHA

茶

Fundamento: 艹   Número de traços: nove

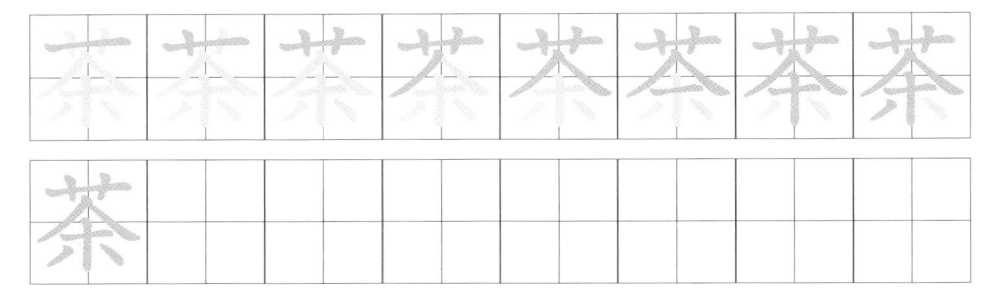

時

JI/toki

hora

Este kanji deve ser decomposto em duas partes. À esquerda, o sol, e à direita, o templo. No Japão, você ficará **tokidoki** 時々 (de tempos em tempos) perdido. E como há uma diferença de 11 a 12 horas, você terá problemas para saber que **jikan** 時間 (horas) são no Brasil. Para indicar a hora, basta preceder o kanji da hora 時 (pronunciado ji) com números. Exemplo: **niji** 二時 (duas horas).

Fundamento: 日   Número de traços: dez

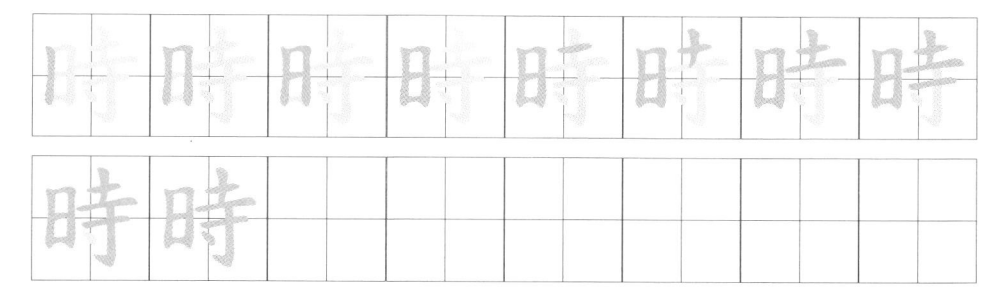

寺

JI/tera

templo

O Japão é igualmente um país de **tera** 寺, sobretudo nas antigas capitais. Só podemos nos maravilhar com a beleza dos templos Todaiji, em Nara, ou dos templos Kyômizudera, kinkakuji (templo de ouro) e Ginkakuji (templo de prata) em Kioto.

Fundamento: 寸   Número de traços: seis

papel

紙

SHI/kami

O fundamento deste kanji significa "um fio". Preceda esse kanji com de mão e obterá tegami (carta). Agora você é capaz de escrever: **tegami wo kaku** 手紙を書く (escrever uma carta).

Fundamento: 糸　　Número de traços: dez

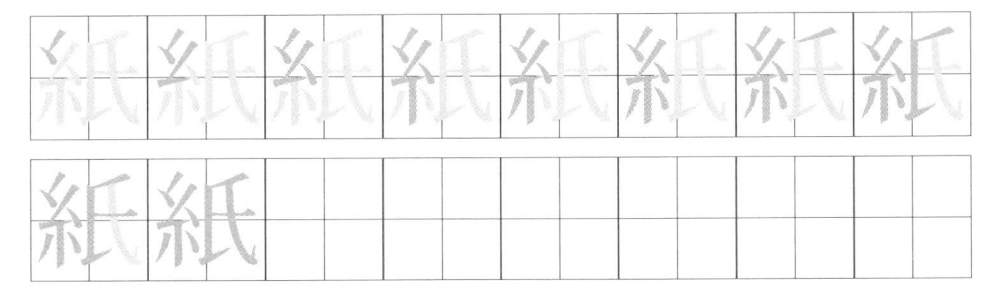

vida, viver

生

SEI, SHÔ/i, u

Pronunciado **ikuru** 生きる, este kanji significa viver. Ele pode ser lido também como **umu** 生む (dar à luz) ou **umareru** 生まれる (nascer). Precedido pelo kanji de homem, significa vida em geral: **jinsei** 人生.

Fundamento: 生　　Número de traços: cinco

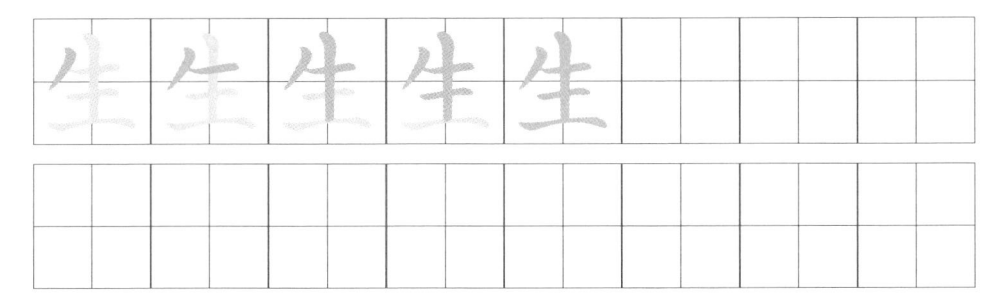

ano

NEN/toshi

Ao contrário do português, precedemos a palavra ano com números. Assim, em vez de dizer ano de 2016, escrevemos em japonês **nisen jûroku nen** 2016年 (2016 ano). Agora que você conhece os kanji de ano e mês, pode escrever a data com precisão. Por exemplo: 2016 年 6月 28日 (28 de junho de 2016). No formulário para entregar à imigração ao chegar ao Japão, será pedido o **seinen gappi** 生年月日 (nascimento, ano, mês, dia), em outras palavras, sua data de nascimento.

Fundamento: 干   Número de traços: seis

nome

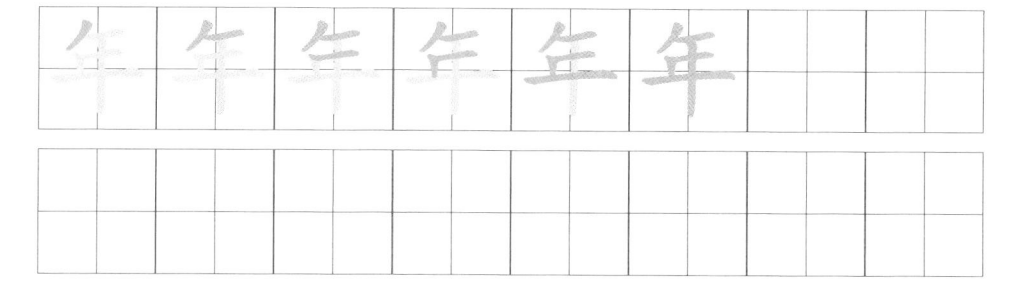

MEI, MYÔ/na

Associado ao kanji que significa "antes" ou "na frente" (mae 前), você obtém **namae** 名前 (nome). Hoje, não encontramos mais **daimyô** 大名 (literalmente, nome grande) nas estradas. Antigamente, esse título era reservado aos senhores japoneses. Por outro lado, durante suas peregrinações pelo Japão, você encontrará **meibutsu** 名物 (coisas famosas) de cada região, em outras palavras, produtos locais renomados.

Fundamento: 口   Número de traços: seis

ter

YÛ/a

Pronunciado aru, este kanji significa "ter" ou "haver". Por exemplo: **ki ga aru** 木が有る (há árvores). Este verbo é reservado para os objetos inanimados. Para um ser animado, vivo, empregamos o verbo iru, que tem o mesmo significado em português. Por exemplo: **inu ga iru** 犬がいる (há um cachorro). Associado ao kanji anterior, **mei** 名, obtemos **yûmei** 有名 (famoso).

Fundamento: 月   Número de traços: seis

luz

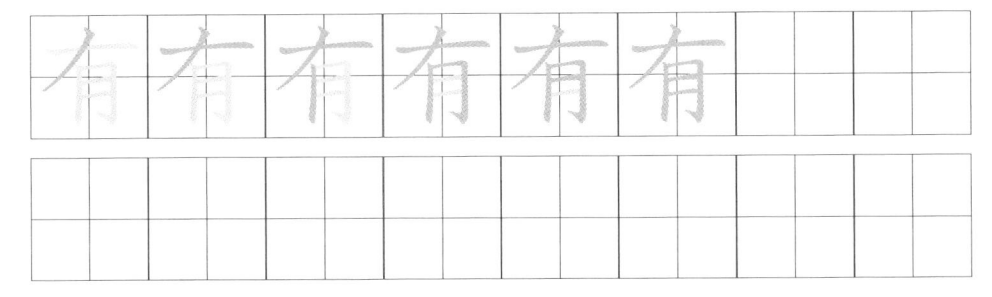

KÔ/hikari

Faça-se a luz, e a **hikari** 光 (luz) se fez! Um dos trens de alta velocidade (shinkansen) tem esse doce nome, mas fique tranquilo, ele não corre na velocidade da luz.

Fundamento: 火   Número de traços: seis

道

estrada, caminho

Dô/michi

Eis um kanji que ocupa um lugar central no imaginário coletivo do nordeste da Ásia. É o tao chinês, a rota, o caminho que é necessário seguir para atingir a sabedoria. Por esse fato, o kanji é associado a várias práticas esportivas ou artísticas: **shodô** 書道 (caligrafia), **sadô** 茶道 (caminho do chá), **jûdô** じゅう道 (judô), **kendô** けん道 (caminho do sabre), **bushidô** ぶし道 (caminho do guerreiro) etc.

Fundamento: 辵   Número de traços: doze

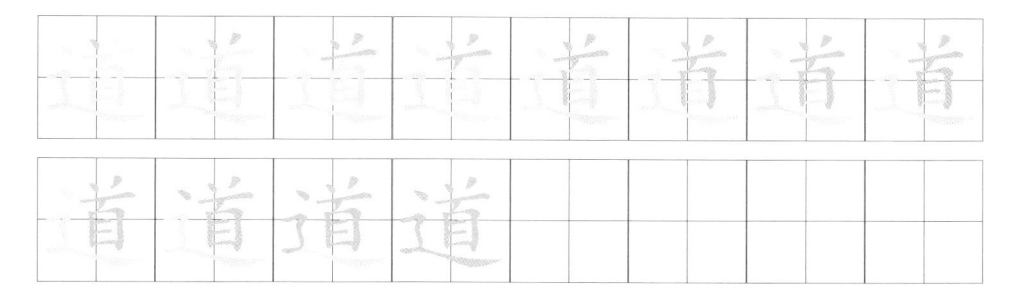

空

vazio, céu

KÛ, kara sora

O que é melhor do que admirar o sora 空 (céu) japonês, ou o **aozora** 青空 (céu azul), quando o Fujisan é visível ao longe, no horizonte, com seu topo cheio de neve? Se não for do tipo contemplativo, divida **kara** 空 (vazio) e **te** 手 (mão) para repetir os movimentos do **karate** 空手.

Fundamento: 穴   Número de traços: oito

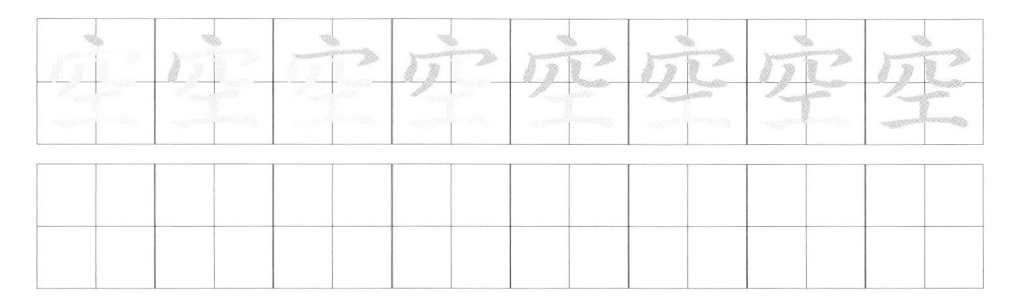

porto

KÔ/minato

O moderno porto de Yokohama tem o nome Minato Mirai, em outras palavras, o porto do futuro. É um porto muito bonito. No verão, um grande espetáculo de fogos de artifício é organizado. Se não tem medo de multidões, vá, vale a pena! Combinado ao kanji de céu, forma **kûkô** 空港 (literalmente, o porto do céu), ou seja, o aeroporto.

Fundamento: 氵   Número de traços: doze

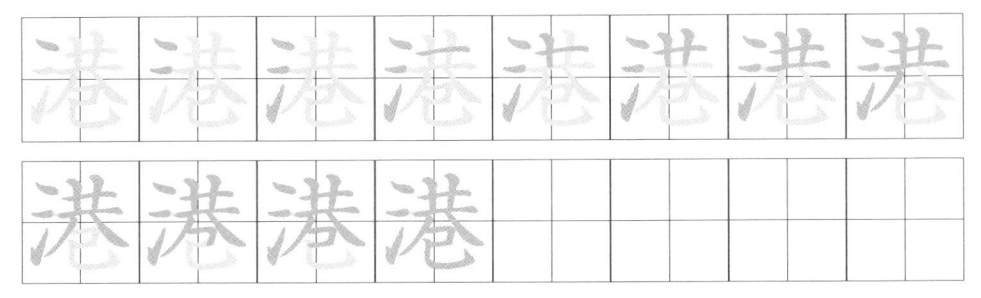

deus

SHIN, JIN/kami

Você deve saber que o Japão é um país de kami (deus). Segundo o **shintô** 神道 (xintoísmo), os kami estão presentes um pouco em todos os lugares, nas árvores, nos rios, nas montanhas etc. Encontramos os kami no vento, **kamikaze** 神風 ou, ainda, nas lojas, pois o cliente é um **kamisama** 神さま (um deus).

Fundamento: 示   Número de traços: nove

社

empresa, santuário

SHA, JA

Você considera trabalhar em uma **kaisha** かい社 (empresa) japonesa? Nesse caso, será necessário se acostumar com a **shakai** 社かい (sociedade) nipônica. Nas grandes cidades, você encontrará a tranquilidade em um **jinja** 神社 (santuário).

Fundamento: 示   Número de traços: sete

工

arte, artesão, habilidade

KÔ, KU/ takumi

Enfim, outro kanji fácil de memorizar, na forma de um pequeno altere, fácil de levantar. A partir desse kanji, formamos a palavra **kôjin** 工人 (artesão). Alguns artesãos japoneses detêm o título de tesouro nacional vivo!

Fundamento: 工   Número de traços: três

学

estudar, aprender

GAKU/ manabu

No pensamento confucionista, este kanji é revestido de grande importância. Na verdade, para os confucionistas, o estudo é um elemento importante da vida, pois é preciso constantemente cultivar seu saber para se tornar um homem digno desse nome. Então, tente **manabu** 学ぶ (estudar) em uma **daigaku** 大学 (universidade) japonesa como **gakusei** 学生 (estudante).

Fundamento: 子   Número de traços: oito

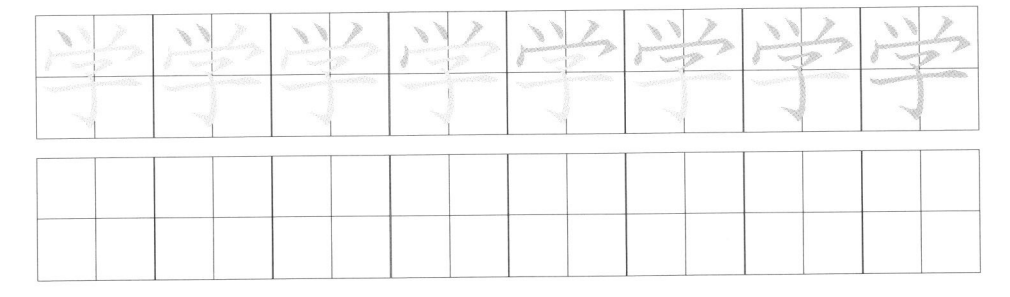

字

letra, escrita

JI/aza

Este caractere entra na composição da palavra **kanji** 漢字 (escrita dos Han). Por ora, deixe de lado o primeiro caractere, que significa Han.

Fundamento: 子   Número de traços: seis

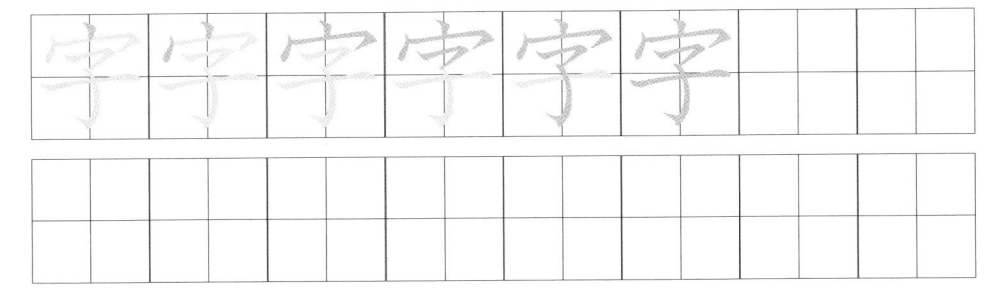

絵

desenho, quadro

Encontramos aqui o fundamento de fio na parte esquerda. Se você se interessa por gravuras japonesas, sem dúvida já ouviu falar de **uki-yoe** 浮世絵 (imagens do mundo flutuante) de Hokusai ou Hiroshige.

KAI/e

Fundamento: 糸   Número de traços: doze

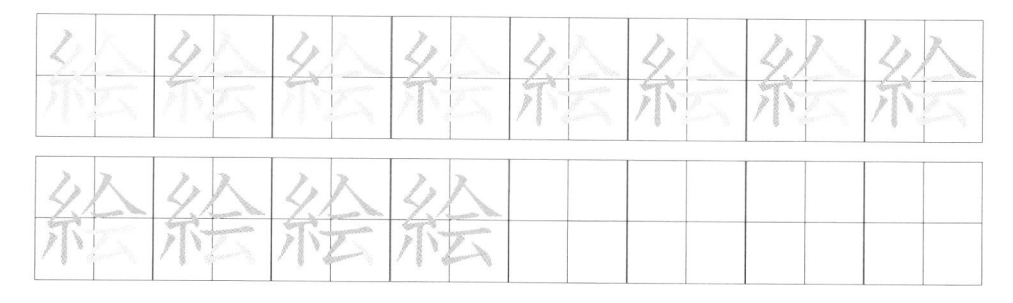

描

desenhar

Este kanji é pronunciado como **kaku** ou **egaku** (desenhar) sem diferença. De forma redundante, dizemos também **e wo kaku** 絵を描く (desenhar uma imagem).

Byô/ega egaku

Fundamento: 扌   Número de traços: onze

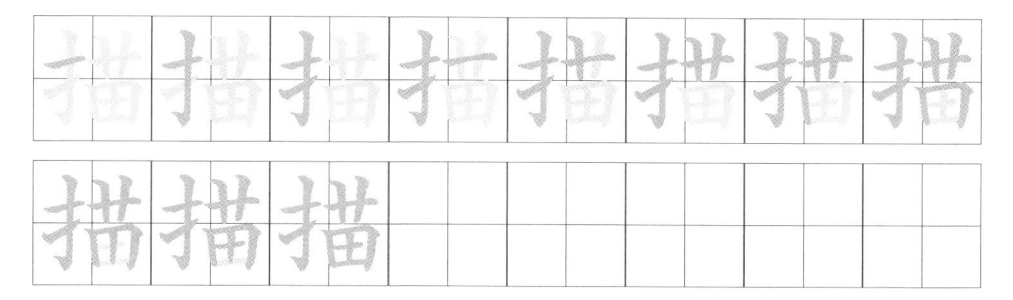

住

morar, habitar

Os japoneses lhe perguntarão educadamente **osumai wa dochira desu ka?** お住まいはどちらですか (Onde você mora?). Nesse caso, você precisará do verbo **sumu** 住む (morar) para responder.

JÛ/su

Fundamento: イ   Número de traços: sete

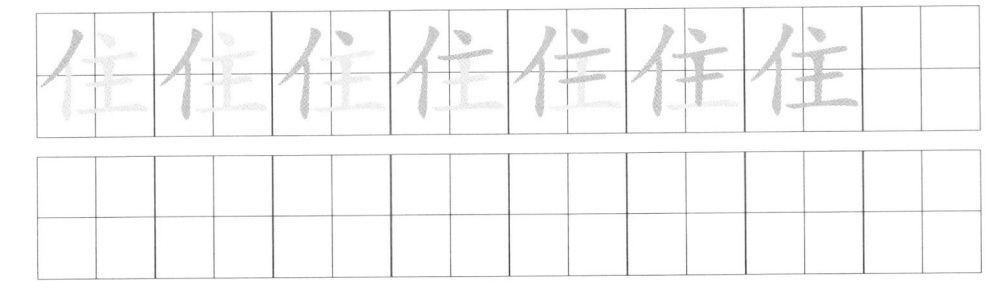

所

local, lugar

Este kanji, composto de duas partes bem distintas, designa o local em geral. Consequentemente, é encontrado nas palavras **jûsho** 住所 (endereço) ou, ainda, **basho** ば所 (lugar).

SHO/tokoro

Fundamento: 戸   Número de traços: oito

posição, ordem

Este kanji serve para designar a posição em uma classificação. Por exemplo: **ichiban** 一番 primeiro, **niban** 二番 segundo, **sanban** 三番 terceiro etc. Evite dizer no Japão que você é o primeiro, pois a principal virtude no país do sol nascente é a modéstia.

BAN

Fundamento: 田   Número de traços: doze

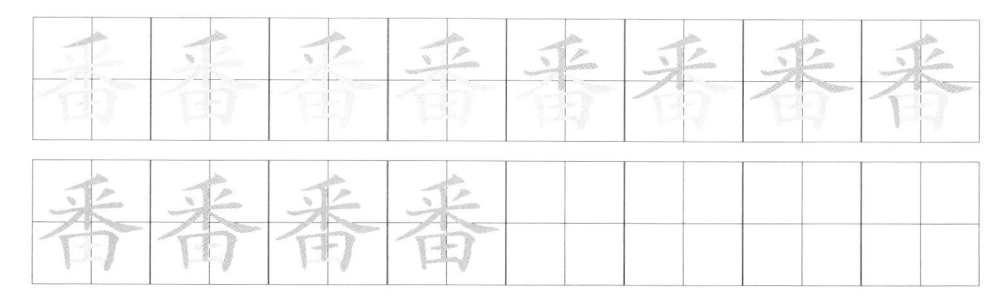

branco

Este kanji lembra o de dia, com um traço superior a mais, como um prego batido no topo. E por falar em topo, está cada vez mais raro ver o manto **shiroi** 白い (branco) no topo do monte Fuji, a não ser no inverno.

HAKU/shiro

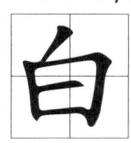

Fundamento: 白   Número de traços: cinco

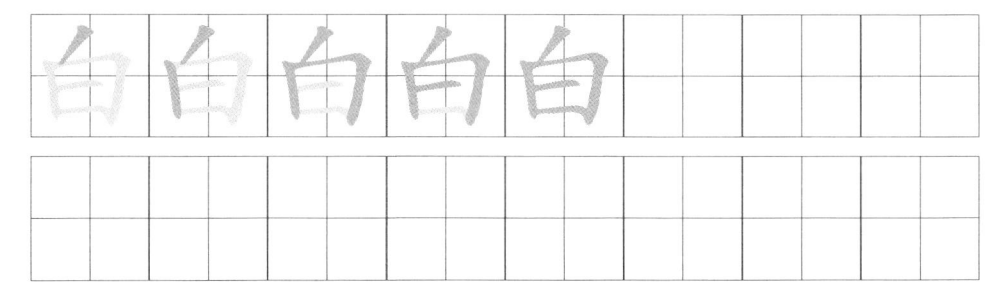

黒

KOKU/kuro

preto

É preciso imaginar um tipo de polvo avançando com seus tentáculos para memorizar este kanji. Felizmente, você não verá mais **kuroi ame** 黒いあめ no Japão, a chuva negra que caiu sobre Hiroshima e Nagasaki depois do lançamento das bombas atômicas. Em 1989, o cineasta Shôhei Imamura dirigiu um filme com o mesmo nome para recordar os efeitos dessas bombas.

Fundamento: 黒   Número de traços: onze

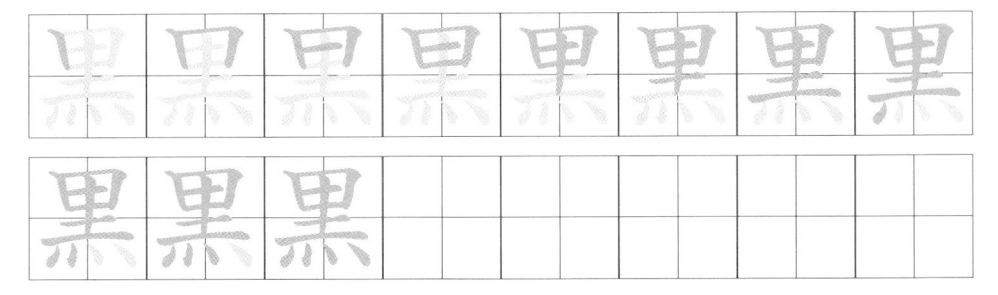

赤

SEKI/aka

vermelho

O **akai** 赤い (vermelho) é uma cor apreciada pelos japoneses. É encontrada nos santuários ou na bandeira nacional, e o sol, com muita frequência, é vermelho no imaginário nipônico.

Fundamento: 赤   Número de traços: sete

青

SEI, SHO/ao

azul

Há muito tempo, no Japão, este kanji designava, ao mesmo tempo, o verde e o azul. Ainda hoje, dizemos que o fogo é aoi (azul), em vez de empregar a palavra midori (verde). Acompanhe esse kanji com o de ano e formará um **seinen** 青年, em outras palavras, um jovem.

Fundamento: 青   Número de traços: oito

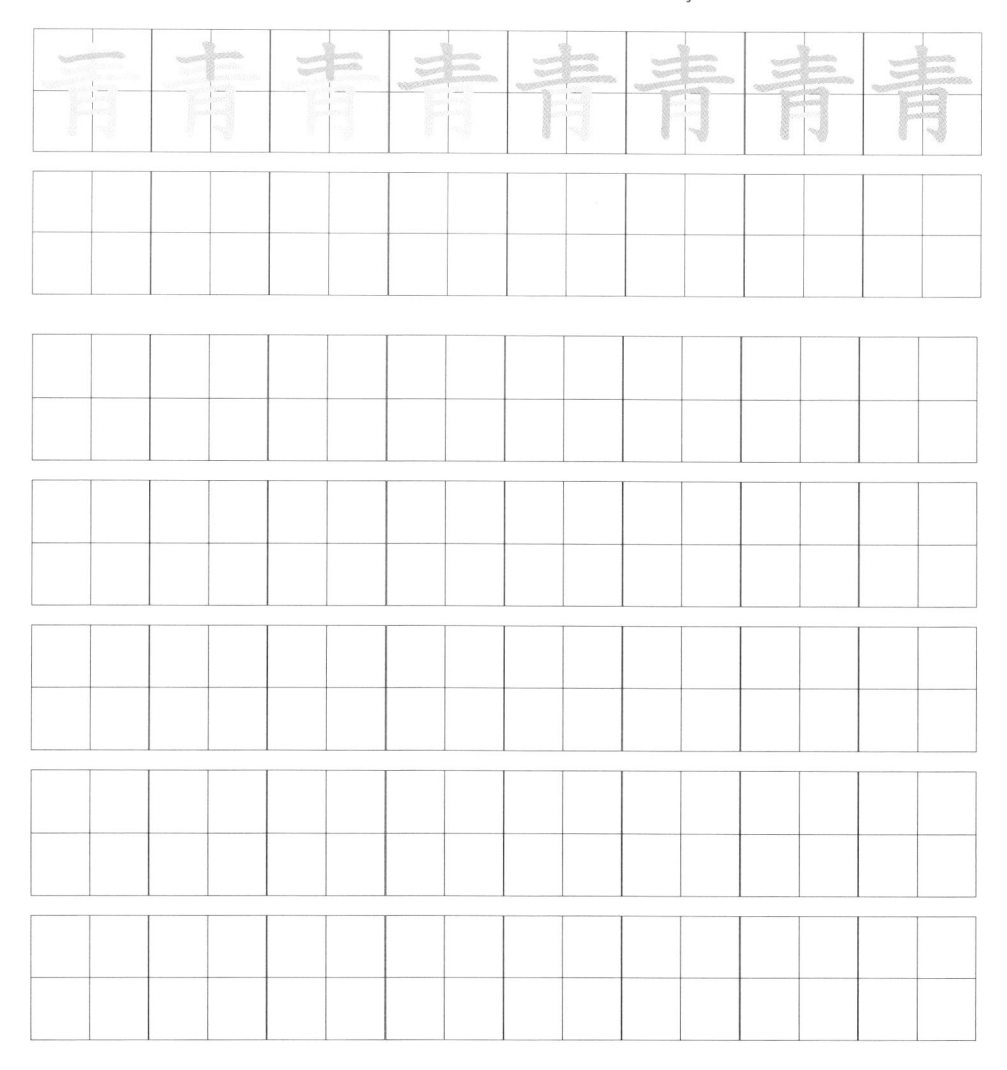